Una Nueva Vida

trascendiendo la enfermedad y la muerte

Concepción González

Reservados todos los derechos. No se permite la reproducción total o parcial de esta obra, ni su incorporación a un sistema informático, ni su transmisión en cualquier forma o por cualquier medio (electrónico, mecánico, fotocopia, grabación u otros) sin autorización previa y por escrito de los titulares del copyright. La infracción de dichos derechos puede constituir un delito contra la propiedad intelectual.

Ibukku es una editorial de autopublicación. El contenido de esta obra es responsabilidad del autor y no refleja necesariamente las opiniones de la casa editora.

Cuarta edición
Publicado por Ibukku
www.ibukku.com
Diseño y maquetación: Índigo Estudio Gráfico
Copyright © 2018 Concepción González
ISBN Paperback: 978-1-64086-311-8
ISBN eBook: 978-1-64086-312-5
Library of Congress Control Number 2019932208

ÍNDICE

DEDICATORIAS	11
PRÓLOGO	15
BREVE BIOGRAFÍA DE GERARDO	17
MEMORIAS DE SU ENFERMEDAD	25
TESTIMONIOS DE CARIÑO Y ADMIRACIÓN	103
De compañeros, amigos y maestros	104
De sus médicos	112
De la familia	116
CANCIONES, PENSAMIENTOS Y SENTIMIENTOS	133
"Muletas para el camino"	133
Pensamientos recopilados o escritos por Gerardo durante el tiempo de su enfermedad	142

A Gerardo...
21 Dic 1971 - 19 Jun 1990

En su caminar eligió
UNA NUEVA VIDA
más allá de la enfermedad y la muerte

Concepción González

UNA NUEVA VIDA

Después de la partida de un ser amado,
todo parece distinto,
se ve a través de otros ojos,
se percibe con nuevas sensaciones,
como si un día amanecieras en otro lugar,
diferente al que dejaste la noche anterior.

Alguien ya no está, ¡terminó su viaje!

Los demás continuamos,
caras desconocidas y otras conocidas,
viejas relaciones y supuestas amistades
¡pero sobre todo, como en toda situación de duelo,
cariños y amistades reafirmados en el dolor.

Con cariño y gratitud
a ti, GERARDO,

Porque a pesar de tu juventud
tu espíritu de lucha,
sigue siendo ejemplo
de Fe, Fortaleza y Esperanza.

Aún cuando la cicatriz que dejó tu partida es
imborrable, evoca la enseñanza que nos dejaste a tus
padres, hermanos, primos, amigos.
la alegría de saber que disfrutas de tu nueva vida,
ha sanado la herida.

Siempre te amaremos.

DEDICATORIAS

A sus amigos, a sus compañeros de escuela, a aquellos que estuvieron ahí para apoyarlo, y animaron sus días con sus pláticas y juegos.

A quienes con su sola presencia le decían cuanto lo querían y al compartir su tiempo, pensamientos y sentimientos con Gerardo, le dieron la expectativa de un reto a vencer.

A los que con sus oraciones y cariño, le dieron fuerza y apoyo con los que logró hacer de su enfermedad un medio para vivir eternamente entre nosotros y a la vez gozar de la presencia de Dios.

A sus médicos y a quienes mantienen viva en su mente y en sus corazones la imagen de alegría, paciencia y fe de Gerardo.

A todas las madres que saben lo que es vivir con angustia e impotencia la enfermedad de un hijo.
A quienes conocen el inmenso dolor de la despedida.

QUE DIOS LOS COLME DE BENDICIONES

Y a todos los que de alguna forma acompañaron a Gerardo en su camino, les aseguro que nunca están, ni estarán solos.
¡GRACIAS!

*Gracias Mimí, amada hermana,
porque al permitirme compartir contigo tus
últimos días entre nosotros me diste la
oportunidad de enfrentar y sanar las viejas
heridas que aún sangraban por los "hubiera"
y los sentimientos de culpa.*

Gracias al profesor Parra quien al compartirnos este poema, tan significativo para su familia, nos regaló "el signo" que ahora me permite ver en el cielo, la sonrisa y un guiño cariñoso de quienes, aún estando lejos, nos aman.

A la memoria de José Manuel
(su hijo fallecido un año antes que Gerardo)

Te lo entregamos, Señor

Tú nos lo diste, Señor, él alegraba con su risa jovial la casa nuestra, el dulce acento de su voz sonaba a cascabel de oro y plata, llenaba nuestro espíritu de fe, luz y alegría

¡Ahora vienes por él!… es nuestro tesoro. Es de nuestra casa el blasonado orgullo; No lo amamos Señor, sino lo adoramos y sin embargo te lo damos. Si lloramos no nos atiendas, Jesús, este hijo es tuyo.

Escuchamos tu reclamo; no creímos, cuánto tu amor de Padre nos pediría… El hijo aquel que Tu favor nos diera, nos los quieres quitar… ¿Aunque pudiera, el siervo a su Señor, lo negaría?

Nos sangra el corazón; camino largo se nos abre ante oscurísimo sendero… ¡Oh! Qué cáliz tan amargo es renunciar a un hijo… sin embargo te lo entregamos, Señor…

¡Hazlo una estrella!

PRÓLOGO

Todos en nuestro paso por este mundo nos encontramos con problemas y desafíos; lo que hace diferente a unas personas de las otras es cómo decidimos afrontarlos.

Gerardo, a su corta edad, decidió enfrentar sus problemas de salud con fe, esperanza y optimismo. A pesar de los malestares que su enfermedad le provocaba, decidió pensar en los demás antes que en él, y se dio cuenta de que al decir que estaba bien, poco a poco lo iba sintiendo así. Encontró el poder de las palabras y de los pensamientos, y aún cuando al final no pudo vencer a la enfermedad que lo aquejaba, en el camino aprendió una mejor manera de llegar a su destino.

Al leer sus reflexiones, nos sorprende la entereza y la fuerza con la que luchó cada día, y cómo decidió aprovechar ese sinuoso camino para volverse un hombre más sabio y compasivo.

A pesar del dolor que dejó su retorno al Padre, nos consuela el saber que cumplió su misión en esta vida y que su luz ahora brilla con libertad y alegría.

BREVE BIOGRAFÍA DE GERARDO

Consideré importante introducir la lectura de estas memorias con una pequeña semblanza de la vida de Gerardo, autor y actor de las mismas como respuesta a las dudas o inquietudes que pueden surgir acerca del origen o causa de enfermedades como la que él padeció. Mi conclusión, aún cuando no puede tomarse como regla, es que nació con un sistema inmunológico débil y vulnerable cuyas consecuencias se equilibraban con su entereza y fortaleza de espíritu de los que fue dotado para superar las pruebas a las que venía destinado a vivir.

Notas de su libro "Los días felices del bebé", recuerdan que...

Tenía prisa por nacer; apenas 40 minutos después de haber ingresado al hospital a las 4:55 de la mañana del 21 de diciembre de 1971 el doctor Enrique Otero Carpio en un parto normal recibió a un "simpático" y coloradito bebé, cachetón, de 53 cm y 3.500 kg, con barba prominente y partida, nariz chatita, ojos grandes.

Por su hermano mayor Gerardo, quien nacido el 24 de diciembre de 1969 estuvo con nosotros sólo un día, fue registrado y bautizado con el nombre de Gerardo de Jesús. Y si pasa por su mente que repetir el nombre de su hermano fallecido determino su futuro, les aseguro que definitivamente no tiene que ver con la esencia y vida de una persona pues cada uno es "único" por naturaleza.

Era muy risueño. Se parecía a Gustavo, otro de sus hermanos y aunque cambió a los pocos meses, no perdió el sello que caracteriza a todos mis hijos.

Con un desarrollo normal a los cuatro meses ya sostenía su sonaja. Se sentó solo por primera vez a los seis meses y medio y a los siete se paró sostenido del barandal de la cuna y caminó en la andadera. A los ocho, le sale su primer diente. Comienza a gatear a los nueve y pronuncia sus primeras palabras: mamá, papá, no, ya, a los nueve meses.

Al año ya pesaba 9.400 kg. y medía 76 cm. En ese lapso se le aplicaron todas las vacunas, las de la triple le causaron fuerte reacción y dolor.

Dio sus primeros pasos en enero de 1973, a los trece meses.

Entró a un kínder cercano a la casa en enero de 1975. En septiembre de ese año ingresó al Jardín de niños del Tepeyac y después al Moderno Tepeyac donde cursó desde Primero de Inglés hasta la Preparatoria.

Padecía frecuentemente de todo tipo de enfermedades de vías respiratorias. A la extracción de amigdalas le siguieron las faringitis hasta que se le aplicaron vacunas de estreptococos para ayudar a su sistema inmunológico a combatirlos.

En la adolescencia padecía de constante dolor de piernas y al realizarle algunos estudios se le detecto una secuela de polio…

Nada de eso detuvo su inquietud. Era muy activo, le gustaban todos los deportes y practicó varios desde pequeño. Sus preferidos fueron el futbol americano y el básquetbol.

Aunque fue el más enfermizo de mis hijos, disfrutaba como todos las fiestas de cumpleaños, las vacaciones y cualquier actividad.

Se llevaba bien con todos, era prudente y tolerante. Su mejores amigos desde la infancia fueron sus primos, en especial Jorge.

Su vida de estudiante transcurrió como la de la mayoría. Tal vez la diferencia se hizo patente en el Bachillerato donde por su carisma inspiró confianza y cariño en muchos de sus compañeros.

Muy espiritual desde niño, mostraba madurez y profundidad en sus pensamientos y sentimientos, esto quedó plasmado no sólo en las memorias de su enfermedad, también en su libro de preparación para la Primera Comunión y en algunos de sus cuadernos de escuela.

Del libro de su Primera Comunión:

"Señor, no es siempre fácil pedir perdón y restablecer la paz entre nosotros. Danos tu Espíritu de unidad y paz. Tu Espíritu puede cambiar nuestro corazón.

Dame tu fuerza para perdonar a los que me hacen daño. Dame tu Espíritu de paz para hacer las paces con otro.

Cambia mi corazón en tu Espíritu de amor."

"Señor tú nos das gente que nos aprecia.
Danos tu Espíritu de amor para que siempre apreciemos a los que necesitan nuestro amor y nuestras oraciones."

"Quiero rezar por los niños de las escuelas de gobierno, por los niños que no tienen que comer, por los enfermos que no tienen con qué pagar, por los que no tienen donde dormir, por los que ayudan a cuidar a los que no tienen padres".

"Te doy gracias Señor por la vida, por los paisajes tan hermosos, por los animales y las plantas, por el campo, por los lagos, por la casa, vestido y sustento, porque tenemos familia y donde estudiar, porque podemos ver, oír, hablar, caminar, etc. por darnos un Salvador."

"Dios padre todopoderoso te doy gracias por todas las cosas que nos has dado, porque sin que nos las merezcamos tú nos las das."

"Señor Jesús te damos gracias por las comidas que compartimos todos los días con nuestra familia y con los que amamos.

Te damos gracias por la alegría de estar unidos.

Te damos gracias por invitarnos dentro de poco a la Santa Comunión."

"Jesús yo quiero hacer mi Primera Comunión aparte de que sí, ya quiero confesarme, es para recibirte, para estar contigo más que nunca.

Ya quiero confesarme antes que nada."

"Señor envíanos a compartir tu Espíritu de alegría con nuestra familia.

Señor, envíanos a esparcir tu Espíritu de paz en nuestra vecindad.

Señor, envíanos a manifestar tu amor a todo el mundo."

De sus cuadernos de apuntes:

"Voy a comenzar con estas palabras:
Caminante no hay camino,
se hace camino al andar.

Muchos de ustedes la habrán escuchado un sinnúmero de veces y puede ser que no le encuentren relación alguna con lo que voy a hablar, pero yo, y algunos de ustedes, si le encontrarán y muy cierta.

Buenos días Ciudadano Profesor Antonio Maya y alumnos presentes:

Debe haber nuevos Quijotes... parece el título de la obra de Cervantes pero por muy grotesco que se oiga, tiene en realidad mucho que ver con este discurso. Así como el Quijote que va en busca de un ideal y lucha por él. Hoy, en nuestros días, también debe haber nuevos quijotes, ¡idealistas!.

Seres humanos con una meta a lograr, por la cual luchar; algo que nos motive y ayude a seguir, algo que nos impulse. Alguna meta que nos dé el deseo de vivir para alcanzarla; alguna meta que nos dé satisfacción al realizarnos como seres humanos.

Esa meta es necesaria para no andar por la vida sin algo en que pensar, sin algo en que confiar, sin algo que amar, sin algo en que creer.

Una meta que nos ayude a mantenernos vivos, luchando, peleando de corazón por algo o por alguien, con la fe de que algún día recibiremos una recompensa por lo que hicimos.

Concluyo diciéndoles esta palabra: FE, que también se puede expresar como CREER Y TRIUNFAR. Sin ella no tendríamos el valor de enfrentarnos a la vida y caeríamos doblegados ante el primer problema que se nos presentase.

Tengan algo en que creer, en quien pensar, y entréguense con el corazón, sin importar las adversidades de la vida.

Crean en ustedes mismos y llegará el día en que deban sentirse orgullosos y felices del TRIUNFO."

"Hablamos mucho de contaminación o de polución pero pensamos sólo en el medio exterior y no en nuestro interior.

La peor es la contaminación y polución que nos provocamos nosotros mismos, con nuestros miedos, imaginaciones e ideas negativas. En el fondo de nuestros disgustos, tristezas e infelicidad, está, muchas veces, algo que ha sucedido de modo diverso a lo que deseábamos, o que no llega lo que esperamos desde hace mucho tiempo. Pero......¡quién sabe si no es mejor que así haya sucedido!

Mantén en tu mente , intensa y claramente , una imagen deprimida y fracasada de ti mismo y con seguridad lograrás que el éxito sea imposible.

Si quieres ser alguien, sé tú mismo. Lo que piensas de ti es más que un simple pensamiento. Es una imagen motora, que va guiando y marcando tu comportamiento en la vida. Es el director de orquesta que llevamos dentro.

"Siembra pensamientos y cosecharas actos"

"Siembra actos y cosecharás hábitos"

"Siembra hábitos y cosecharás triunfos"

Qué distintas son las cosas de cómo nos gustaría que fuesen, y sin embargo, a veces son, como hemos consentido que sean. La vida tiene sentido hoy, no mañana. Tiene sentido lo que pienso, siento y hago ahora, no lo que piense, sienta y planee hacer mañana.

MEMORIAS DE SU ENFERMEDAD

INTRODUCCIÓN

La enfermedad de Gerardo comenzó a manifestarse en Agosto de 1989, a sus 17 años.

El 12 de agosto por la noche, el Dr. Bonifaz, quiso venir en persona a darnos la mala noticia: Gerardo tenía Leucemia Linfoblástica Aguda. Después de explicarnos en qué consistía y sus posibilidades de vida, nos advirtió sobre las consecuencias del tratamiento: tendría nauseas, vómitos, sangrado, se le caería el pelo, la cortisona lo iba a hinchar y necesitaríamos conseguir alrededor de 40 donadores ya que con cada tratamiento semanal tendría sangrados y pérdida de plaquetas por lo que debería transfundirlo hasta que estuviera estable. ¡Negro panorama teníamos por delante!

Lo internamos el martes 15 de agosto para iniciar el tratamiento. Antes de la primera dosis de quimio, le pondrían suero suficiente para sobrehidratarlo evitando asi daño a sus riñones, la recibió el viernes siguiente.

Gracias a Dios y para sorpresa nuestra y de los médicos, no presentó (o tal vez no demostró) ninguno de los síntomas predichos y al día siguiente como si nada, paseó por los pasillos del hospital jalando el tripié del suero con sus amigos de escuela. Tuvieron que callarlos y regresarlos al cuarto ya que sin importarles los demás pacientes, acompañaron a Gerardo en sus demostraciones de júbilo por no tener reacciones negativas al tratamiento.

El Dr. Bonifaz, preocupado, nos comentó que creía que el tratamiento no estaba haciendo efecto y cuál sería su sorpresa al comprobar con un análisis de sangre que sí había reacción positiva en sus células.

De los primeros meses de su enfermedad, el mismo Gerardo les contará en estas memorias, que escribió, a manera de terapia y pensando en poder ayudar con ellas a otras personas en circunstancias similares.

En el mes de noviembre, una sorprendente mejoría que experimentó durante cuatro meses nos hizo pensar a todos que el milagro se había realizado.

A finales de febrero, después de haber platicado con uno de sus maestros acerca de su enfermedad, empezó a sentir miedo y angustia. Su sistema inmunológico se debilitaba nuevamente, aunque fuertes dolores de cabeza aumentaban su nerviosismo, tenía durante el día momentos tranquilos, sin molestias ni dolor.

Esos cambios emocionales eran causados por la enfermedad que ya invadía todo su sistema nervioso.

Internamos a Gerardo para tratamieto intratecal, químico directa en la médula. Horroroso por cierto, con las molestias y sensaciones que describe en su memorias de finales de octubre, pero aumentado en dosis y con un catéter permanente que le provocaba otros dolores.

Nadie, esperábamos ni aceptábamos la recaída, pero ahí estaba. Todo sucedía nuevamente como al principio pero con más intensidad: los dolores, los intentos de control, la desesperación.

Moralmente nos sentíamos decepcionados y nos preguntábamos: ¿Qué falló?, ¿qué dejamos de hacer?, ¿Nos confiamos demasiado?, ¿Qué pasó con el milagro que creíamos realizado? ¿?... ¿?... No teníamos mas alternativa que darnos por vencidos o retomar la lucha con más Fe y Fortaleza. Escogimos lo segundo. Volvimos a emprender el camino.

En Semana Santa fuimos a la cabaña en Amealco, Qro., Gerardo estaba en tratamiento de radioterapia interrumpido por las vacaciones. Nunca habló de lo que sentía con las radiaciones, quién sabe si él sabía cuánto daño le hacían.

La mayor parte del tiempo se mostraba inquieto y molesto, sin embargo poco se quejaba. Hasta intentó jugar beisbol, según él para ejercitar sus piernas. Lo único que logró fue sentirse peor, dio unos pasos y cayó de bruces, quiso convertir ese momento en algo divertido festejando él mismo su torpeza y logrando que hiciéramos lo mismo. Empezó a sentir mucho dolor por lo que decidimos regresar antes de lo previsto.

Más análisis urgentes, visitas frecuentes al hospital, sangre, plaquetas. La enfermedad seguía avanzando y su médula, más dañada aún por las radiaciones, no respondía.

La anemia y la falta de defensas lo tenían en cama, casi aislado. Los dolores de su mano no le permitían levantar cosas pesadas y a veces ni escribir. A pesar de eso, parecía que se recuperaba otra vez.

Gerardo preguntaba: "¿Qué les voy a decir a mis amigos acerca de que la oración hace milagros?" "¿Por qué estoy otra vez enfermo?".

Le decíamos que por alguna razón, el Señor lo había elegido para dar testimonio, que la oración sí estaba haciendo el milagro de que pudiera resistir todo y poderse levantar después de cada caída. Él contestaba: "No merezco esto, pues he estado lejos de Dios y no soy digno de que me haya elegido".

Cabe añadir aquí que a pesar de todo eso, siempre que alguien le preguntaba ¿Cómo te sientes? él decía "Me siento bien."

Después de unos tratamientos en el hospital, estando ya en la casa nos dijo: "Ya sé para qué estoy otra vez enfermo: hay personas ciegas y necias y así tengo que estar hasta que entiendan y tengan fe".

En mayo empezaba a caminar distancias cortas dentro de la casa o en la cuadra. Su sangre había mejorado un poco.

El día 10 pudo bajar y convivir con mamá Esperanza, su abuelita, tíos y primos. Toda la familia festejaba el día de las madres.

A finales del mes, otra vez algodoncillo, más difícil de combatir ahora. Sus pies empezaron a hincharse y le dolían tanto que le impedían caminar. Se le presentaron frecuentes hemorragias por la nariz. Las úlceras de la boca, cada vez mayores le impedían tomar alimentos, hasta los líquidos le molestaban.

La noche del 6 de Junio se le internó por una hemorragia de nariz y boca que no se podía controlar. Fue su última estancia en el hospital.

A pesar de su estado, pasaba varias horas del día cantando y haciendo bromas con las enfermeras. A veces también renegando porque no podía, ni quería comer.

El día que saldríamos del hospital, esta única vez, me pidió ir a comprar rosas blancas y al despedirse, le dio una a cada enfermera para que no lo olvidaran.

Al llegar a la casa prefirió quedarse en mi cama porque desde ahí podía ver a través de la ventana, pasaba largo tiempo mirando al cielo, orando y meditando. En momentos pedía jugar cartas o algún pasatiempo pero se cansaba pronto. Los dolores de pies y piernas no le permitían levantarse.

No quería estar solo ni un momento, pienso ahora que, tal vez porque sabía que el final se acercaba y por lo mismo no le gustaba que yo saliera de la casa o dejara a alguien en mi lugar.

Quizá por miedo a no despertar, por las noches no dormía, sólo cuando lo tomaba de la mano lograba dormitar un poco. Algunas noches durante su insomnio me pedía que rezáramos el rosario o que le cantara , "El Señor hizo en mí maravillas", era lo más difícil, pues no lograba recordarla completa, ni ésa, ni ninguna otra y solo repetía una y otra vez la misma estrofa.

Las hemorragias continuaban. Su debilidad física iba en aumento al parejo de su fortaleza espiritual. Cada día se le veía más tranquilo y optimista, siempre con la ilusión de estar bien para el día de su graduación.

El viernes anterior a su muerte, los análisis indicaron que su médula parecía funcionar. Le dimos la noticia y nos pidió a Alfonso y a mí, que le ayudáramos a levantarse. Quería saber si tendría fuerzas para llegar sin silla de ruedas a su graduación. Se levantó apoyándose en nosotros y con mucho entusiasmo y alegría levantó los brazos en señal de triunfo.

Sábado y domingo, transfusiones y plaquetas. Su estado era crítico pero él se mantenía tranquilo. El Dr. Cervera, que lo atendió esos días en el banco de sangre, dice de él, que era muy paciente, aunque no conformista y que irradiaba amor.

Por su estado, ya tenía tiempo de no recibir quimioterapia, por lo que decidí buscar algo que la supliera. Recurrí a un tratamiento naturista que mis queridos compadres consiguieron en una clínica especializada.

Todo el día tomaba pastillas, cápsulas, licuados, jugos y yogurt, alternados. Aunque algunas cosas no le gustaban, las tomaba con paciencia y fe.

El lunes amaneció muy animado, preguntó si el tratamiento lo aliviaría o iba a seguir así siempre. "Estoy segura de que para mañana estarás mucho mejor y empezarás a recuperarte. ¡Vas a estar como nuevo!" –le dije.

¿Quién me habrá inspirado esas palabras, y quién me iba a decir cuál era su verdadero significado?

Al mediodía, el dolor en el pecho que tenía desde el sábado, se le agudizó, le dificultaba respirar.

La fiebre subía y caía de pronto a 35 grados. Bolsas de agua caliente y subía otra vez a 38, así durante varias horas.

Sus pies y una de sus piernas se mantenían heladas y no había forma de calentarlas.

Durante la noche no encontró postura para tratar de dormir. Me pidió que rezara con él.

En la madrugada quiso el cómodo, me levanté y al entrar al baño para llevárselo me llamó y con mucha calma me dijo: "Estoy viendo amarillo..."

¡Esas fueron sus últimas palabras!

Tal vez quienes lean estas memorias, pensarán que las creencias y la fe de Gerardo fallaron, pero... sólo los que convivimos con él, principalmente las últimas semanas de su enfermedad, sabemos, que gracias a esa FE , que mantuvo hasta el final, logró dar testimonio de la fuerza de Dios en él.

Sólo les pido, que los sentimientos que su lectura despierte, se eleven en pensamientos, que le hagan sentir, que a pesar de la ausencia física nuestro amor es permanente y mantiene una cercanía con él, más allá de las formas del espacio y del tiempo.

Como referencia para una mejor comprensión, cuando en su escrito menciona a su papá se refiere a su papá biológico; Alfonso es a quién vio como papá desde los 7 años y a algunos de sus hermanos los mayores Claudia, Gaby, Carlos, Gustavo, Gabriela, los menores Israel y David .

"Pues aquí estoy, escribiendo un diario que no sé, si alguien llegue a leerlo algún día... Por cierto, tengo que ir al baño porque es necesario. Espero poder hacer...

¡No lo conseguí! Será para la próxima.

Septiembre 2, 1989
1:40 a.m.

Llevo cuatro semanas enfermo y realmente no sé las que me falten, pero hay que seguir luchando para salir de esto lo más pronto posible.

Recuerdo la primera vez que estuve mal, fue en Maeva. Ahí empecé con los primeros síntomas, (mentira, ya los tenía antes). Me dolían las manos y me sentía cansado todo el día. Bueno, no puedo negar que hice mucho deporte y que me fui a bailar hasta las 4.30 de la mañana. Lo chistoso de esto era que mis tíos y mis dos primos se reían de mí y decían que era la adolescencia.

Cuando regresé empezaron los problemas, y como éste es un diario de mi enfermedad, sólo puedo decir que problemas amorosos, contribuyeron a que me sintiera peor.

A los dos días que regresé fui al dentista porque tenía dolor en un muela. Me revisó y me dijo que tenía una infección y que podía perder la muela. Me recetó unos antibióticos y listo. Al tomar los antibióticos comenzó lo bueno porque se complicó la cosa. Me empezaron a doler los oídos y la garganta y en lugar de que me sintiera mejor, me sentía peor. Así duré una semana.

El sábado siguiente mis papás salieron fuera de la ciudad y me quedé solo en mi casa, y algo que no me van a creer es que me la pasé encerrado y casi todo el día en la cama.

El domingo fui a casa de mi tía Clarita porque había comida. Gaby y Gustavo pasaron por mí, ahí estaba mi papá. Para este día ya me dolía todo el cuerpo y tenía los ganglios inflamados.

Mi papá me llevó a su casa para que fuéramos a ver al Dr. Che-Ché. El doctor me revisó, me cambió los antibióticos y me dijo que si para el miércoles no había mejoría, me mandaría unos análisis. Pero no llegué al miércoles, porque el martes tuvo que ir a las doce de la noche a verme porque me sentía muy mal. Al día siguiente fui a los análisis y para el viernes ya tenía todos los resultados.

Che-Ché no supo dar un diagnóstico[1] y nos comentó que hablaría con un especialista quien fue a revisarme después de ver los resultados de mis análisis y decidió mandarme más análisis.

---

1 *En realidad "Che che", el médico de la familia de su papá, lo supuso y por ello lo canalizó con un hematólogo, el Dr. Ramiro Bonifaz, quién fue a la casa a darnos la noticia esa misma noche.*

La siguiente semana estuve en casa de mi papá todos los días en cama y casi sin comer. Llegó el fin de semana y mi papá decidió llevarme con mi mamá.[2]

Para el martes de la siguiente semana estaba internado en el hospital, enchufado a un suero las veinticuatro horas del día, durante cinco días completos y medio día más. Los primeros tres días estuvieron sobrehidratándome. Esto hacía que fuera al baño unas diez o más veces al día, lo cual era complicado porque tenía que llevar arrastrando un tripié. Todo este tiempo tuve temperatura. Pocas veces bajó de 38° (cosa a la que me acostumbré).

Recuerdo que la comida era horrible y había olores desagradables en el hospital.

En realidad hay muchos comentarios y anécdotas de mi estancia ahí. Recuerdo que me tenía que bañar sentado porque me arriesgaba a un desmayo. Esto lo hacía desde antes de internarme pues casi me desmayo en el baño de mi casa.

Podemos hablar de la Dra. Limón y de las enfermeras, o de la vez que me asusté por culpa del suero,… o de la bolsa de chocolates,… o bien de la primera etapa del tratamiento.

Pues bien, llegó el domingo y salí del hospital. Cuando llegué a mi casa me di cuenta de que estaba demasiado flaco, todo chupado de la cara. En general, mi aspecto era horrible y desagradable.

---

2 Decidimos fingir que no sabíamos qué tenía, pero que todo estaría bien

Días después empecé a tener mareos y sensación de desmayo, por lo que fue necesaria una transfusión de sangre. ¡La cosa más horrible! El lugar parecía un rastro o algo así. Demasiado ruido y en total cinco y media horas de transfusión hicieron que no quisiera regresar a ese lugar tan desagradable.[3]

Después de la transfusión, me enfermé de algodoncillo, que son unos "pinches" hongos que me salieron en la boca y la garganta y que inflamaron los oídos. Son bastante asquerosos y me amargaban la vida a la hora de mis alimentos. Juro que nunca antes había sufrido tanto cuando llegaba la hora de la comida.

Lo que más me molestó fue que me enfermé de esto por culpa de mi salida el día de la transfusión…[4] Y lo peor es que he tenido que ir otras dos veces más. Nada más que ahora también por plaquetas.

Todo por culpa de no poder hacer popó. Como estoy estreñido y un día hice mucho esfuerzo, empecé a tener hemorragia por la nariz. Recuerdo la regañada que me puso el doctor.

También por eso del algodoncillo no me han podido continuar el tratamiento, cosa que no me hace nada de gracia porque llevo ya dos semanas perdidas.

---

3 Lo llevábamos al banco de sangre del que era director su médico, ahí se hacía la donación de sangre a cambio de la que él necesitaba.

4 El pensó que salir con fiebre le había provocado el algodoncillo, en realidad era su falta de defensas la causa. A pesar de suspender los tratamientos para evitar que bajaran más las defensas, el algodoncillo seguía avanzando. Lo único que podíamos hacer era seguir las indicaciones del médico y reforzar la oración… ¡Una vez más vivimos su poder!.

Si quisiera podría escribir un libro con muchos detalles. En realidad, no sé porque hago esto, para qué me acuerdo de todo y para qué escribo este diario. No sé si algún día hable de esto con alguien. No sé sin tenga caso. En realidad, lo que yo quiero es olvidarme ya de esta enfermedad que me tiene un poco desesperado, que me está dejando pelón y con anemia. ¡Sabrá Dios qué me espera!

Aunque en realidad, sí me gustaría contarle a alguien todo lo que he sentido y lo que ha pasado por mi mente todos estos días.

Hablando de libros, voy a leer uno de tantos que me han dado y ¿quién sabe?, tal vez escriba alguno un día de estos.

Voy a empezar a leer. Espero no quedarme dormido.

Mismo día por la tarde...

¡Llegó la hora de la comida! Y con ella el sufrimiento. Lo que sentí hoy, fue como si me oprimieran el tórax al comer.

El dolor en la garganta cedió después de que el estúpido de mí, exprimí dos limones al jugo de betabel y me lo tomé. Me hizo sudar frío el maldito jugo.

¡Algo interesante! Hasta hace unos momentos, estaba perdiendo la Fe. Me sentía resignado, pero parece que en señal de apoyo ya no siento tanto el algodoncillo en la garganta, ni tampoco en el labio.

¡Gracias Dios Mío, Virgen María!

Han de saber que estoy tomando agua de Lourdes y desde entonces desapareció el estreñimiento.

Otra vez siento como si tuviera fierro en la boca, es tal la sensación, que hasta lo huelo. Esto me dio gusto porque creo que indica que el algodoncillo está cediendo.

Mismo día por la noche...

Voy saliendo del baño, después de estar ahí un buen rato esperando a que se fueran las visitas. Hoy no tengo ganas de ver a nadie.

Por primera vez, puedo comer algo que quería: unas papas fritas de Mac Donald's.

Vino Ale a decirme que lo que habíamos platicado tiempo atrás, le había servido. ¡Me hizo sentir bien!

Bueno, voy a tratar de dormir...

Septiembre 3 ,1989
10.00 a.m.

Tuve una noche tranquila, pero volví a sudar muchísimo. Desde que tomo el agua de Lourdes me pasa esto. Y como siempre, amanecí fregado de la garganta. Yo no me explico por qué, pero en las mañanas siempre me duele todo.

Lo peor de todo al despertar, fue el ver la almohada completamente llena de pelo. Tengo la duda de meterme a bañar por eso. Bueno, me voy a quedar pelón tarde o temprano.

Algo que tampoco entiendo es por que me siento peor cuando desayuno, que en otra comida. Los cólicos son más fuertes y el dolor es más intenso.

¡Bueno!, a ver como respondemos este día, que se lo ofrezco a la Virgen y al Señor esperando sentirme lo mejor posible.

Ahora que lo recuerdo, mi mano ya no me duele, sólo los pies.

MEMORIAS

Recuerdo la semana que estuve en casa de mi papá. Me sentía como viejito y cada día amanecía más viejito aún. El dolor era tanto que los dedos de los pies no soportaban el peso de las cobijas. Yo pensaba que era fiebre reumática. Cuando me dejaban sentado en algún lugar, me tenían que cargar para que me pudiera levantar.

En todo ese tiempo hicimos conjeturas de mi enfermedad; desde la sangre hasta el riñón; resultó ser la sangre, aunque ahora también mandaron análisis de orina y un urocultivo.

El peor día de todos fue cuando el doctor habló con mi mamá acerca de mi enfermedad. Nunca debí preguntar. La respuesta me dejó un poco desconcertado: "Es un virus muy agresivo que produce los blastos..." y todo ese rollo.

Cuando me dijo eso me dio coraje, porque lo de los blastos yo ya lo sabía y lo del virus muy agresivo no me dejó muy convencido. Desde ese momento me solté llorando de desesperación de no saber qué era lo que tenía. Aunque el doctor sí lo sabía y yo lo que quería era un nombre más técnico y fue así como empecé a dudar. Yo creía que me ocultaban algo.

Primero fue la mononucleosis, pero después de que me hicieron el aspirado de médula osea, me hablaron de mi tratamiento de quimioterapia y todo eso. Después llegué a pensar en leucemia. Yo realmente lo creía.

Ese día sentí tanta desesperación, como el día en que me fue a ver el doctor a casa de mi papá. Después de revisarme, de interrogarme y todo eso, le pregunté si sabía lo que tenía y me dijo: "Hay que estudiarte. Necesitamos más análisis" Y luego me salen con eso. Después me habla mi mamá llorando y me pregunta qué me dijo el doctor y recuerdo que le dije: "Mama, no te preocupes por lo que no sabemos", cuando que en realidad yo si estaba preocupado porque era algo desconocido para mí.

También tuve un susto ahí cuando me dio un espasmo por culpa de las medicinas, se me pusieron los labios blancos, las manos también. Claudia gritaba: "papá, Manuel, suban rápido, Gerardo está mal".

Ese día, me querían llevar al hospital pero gracias a Dios Gaby no llegó con el coche.

Me daban también ataques de desesperación, se me aceleraba la respiración poco a poco hasta que llegaba el momento en que se me salían las lágrimas y me tranquilizaba, era algo chistoso.

Del Hospital las anécdotas divertidas son las de la doctora Limón y las horribles enfermeras

Cuando llegué al hospital y entré a mi cuarto dije: éste es un hotel, realmente era bonito el cuarto. La primera enfermera que entró quiso ponerme la bata de enfermo, pero yo le dije que no, y me puse una pijama ,(cosa que no me agradaba usar tampoco). Después me acostaron y llegó el suero, fue cuando entró la Doctora Limón y se presentó como tal, me hizo unas preguntas y después me revisó. Lo mismo de siempre los golpecitos en el abdomen y todo eso solo que la doctora me decía, "no lo pongas duro." Yo le contestaba así es, yo no lo estoy poniendo duro. De ahí surgieron una serie de bromas y comentarios obscenos con mi papá y mis amigos acerca de la doctora Limón o Melón o Piña o como les gustaba ponerle.

Hablar de las horribles enfermeras no era hablar de enfermeras feas, sino que todas eran iguales. Justo cuando me estaba quedando dormido llegaban a despertarme, ya sea para cambiarme el suero, darme medicina o algo, pero nunca me dejaron dormir tranquilo, cosa que me sucede hasta la fecha.

Había una que se empeñaba en bañarme cosa que nunca consiguió.

Otra que no se salía del cuarto hasta que terminaba de comer y les decía a mis papás que estaba guapo (yo por supuesto).

O la sargento, que cuando tenía que cambiarme el suero y éste como de costumbre iba atrasado, le habría al gotero para que se vaciara mas rápido, pero a la muy desgraciada no le importaba que me ardiera.

Hablando del suero, recuerdo mi susto: se me terminó el suero y yo estaba en el baño y se empezó a llenar la manguerita de sangre. Fue algo horrible, empecé a gritar y hasta las ganas se me fueron. Me lo cambiaron y asunto arreglado. Hablar de la comida. ¡Es un crimen total! Nunca me terminé algo de lo que me daban.

Otra de las cosas horribles fue estar atado al suero para todo. Me era imposible dormir porque no podía cambiar de posición.

Regresando a todo esto, creo que no me fue tan mal en el hospital.

Sep.3, 1989
3.25 p.m.

Me he sentido mejor, más tranquilo y relajado, pero siento que algo está ocurriendo en mí y que algo va a suceder.

Y sucedió,… vinieron los amigos de Gustavo: Bernardo y Martín y rezamos. Es algo… que sientes que flotas. Sientes que te llena completamente. Era tal la alegría que se me salieron las lágrimas.

Después de esa experiencia me siento más animado y deseoso de seguir adelante luchando.

"¡Gracias Señor!"[5]

También estoy muy interesado en los libros de Metafísica que me prestó Claudia. Ella y yo estuvimos platicando de cosas muy interesantes.

CONFESIÓN

La verdad es que siempre quise tener una enfermedad así, que me pusiera a prueba, y con la cual pudiera demostrarme y demostrarles a los demás lo que es capaz de hacer la mente si se tiene Fe.

Aparte de todo, lo veía con un poco de romanticismo, así como de película, donde el bueno sufre y todo eso.

Sólo espero poder hacerle frente, ahora que la tengo. Esa es mi presión: no defraudarme. Pero más importante, no defraudar a los demás. Yo sé que eso no es correcto, hacerlo por mi bien, buscar mi salud y echarle ganas debería hacerme sentir bien y no mal como a ve-

---

5 Gustavo y un grupo de amigos del apostolado de la cruz fueron a la casa. Estuvieron solos con Gerardo, platicaron, oraron y cantaron. Lo que sucedió exactamente en ese tiempo, no lo sé, pero cuando se fueron, Gerardo, aunque algo confundido, se sentía contento, tranquilo y con más entusiasmo para esperar lo que venía.

ces me sucede. Pero ya estamos trabajando en eso. Con un poco de meditación se me aclara todo.

Septiembre 4, 1989
7.15 a.m.

Tuve una noche perfecta, lo que hace que el día de ayer terminara de lo mejor, por qué no decirlo, en su clímax. Sólo que desperté pensando en algo que sucedió ayer.

Llegaron mis amigos. Yo me sentía muy bien y de muy buen humor y envalentonado por ellos, me cepillé el pelo. Dejé que me arrancaran un poco y todo eso, ja, ja. Ayer no me importó, pero hoy creo que sí, porque viendo las cosas desde otro punto de vista, me convertí en su juguete y en un objeto de su morbo. Lo peor de todo es que lo saciaron. Pero ya qué, lo hecho, hecho está y ni modo. Hay que seguir aguantando mecha, como diría mi papá.

Son tantas las cosas que he llegado a sentir y a sufrir, que realmente no quisiera pasar por esto otra vez (a pesar de que me estoy acostumbrando). Lo chistoso de esto es que al escribir este cuaderno, lo vuelvo a vivir todo otra vez, pero me gusta. Me gusta porque es como si hiciera mi propia película. Es una manera de desahogarme. Así que, lo seguiré escribiendo. Lo que sí es que no le deseo esto a nadie. Pero como dicen: Dios no te dará más peso del que puedas cargar. Y como Él confía en mí: ¡Arriba y Adelante! (frase de Gaby).

¡Estoy contento!

Hoy platiqué con David y me comentó que qué bueno que ya no me inyectaban. La verdad es que no quería acordarme de eso, porque fueron los momentos más impresionantes (por el tamaño de la jeringa). Lo peor de todo fue como me quedaron los brazos. Por culpa de esas inyecciones le agarré un pinche coraje a esta enfermedad. Juro que en esos momentos aborrecía todo. Me enojaba, lloraba, hacía sentir mal a todos y sin querer lastimaba a los que me rodeaban. Ahora gracias a Dios ya no me las ponen y espero que no lo vuelvan a hacer.

Hoy hubo fiesta en mi casa. Se reunieron 12 amigos míos a la vez y con el ruido y todo me pusieron de malas. Después llegó Isidro y lo mismo. Y eso me choca porque así no se puede platicar, ni se sienten a gusto ellos, ni yo. Ese es el caso, ¿pero cómo le hago?

El algodoncillo, es cierto lo que dice Gustavo, ha cedido por la oración de ayer. Creo que todo va a ir mejor.

"¡Gracias Señor!"

Me voy, porque ya no tengo ganas de escribir.

Septiembre 5, 1989
1:10 a.m.

Me regresaron las ganas de escribir y ya me siento bien. Algo chistoso que me pasa ahora y que nunca antes me pasaba cuando rezaba. Ahora, cuando rezo, me siento contento y emocionado (igual que ahora que lo estoy escribiendo) y cuando termino tengo los ojos llorosos. ¡Raro! ¿no?

Cosa muy interesante, la que acabo de descubrir. He descubierto que con la ayuda del Señor me voy a aliviar y esto será cuando yo esté preparado (no sé para qué, ni como lo voy a conseguir) pero siento que será hasta entonces.

También he pensado en mi enfermedad y no todo es sufrir, porque realmente cuando sufro, no es un sufrimiento muy grande el que tengo. Comparado con los momentos que me siento bien, que cada vez son más, ese sufrir es insignificante. Así que debo echarle más ganas en esos momentos "malos".

No me voy a dejar vencer por esto, es más, sé que la tengo ganada.

¡GRACIAS SEÑOR!
¡GRACIAS MAMÁ!
¡GRACIAS JESÚS!
"YO PUEDO" El Señor es mi Fuerza.
"YO CREO" La Virgen es mi Cuidado.
"YO TENGO FE" Jesús es mi Camino.

Nadie sabe cómo me han ayudado estas palabras en los momentos difíciles, cuando me entra la desesperación, la angustia, el ansia de terminar todo esto. O cuando siento que se van las esperanzas y me entra la resignación en lugar de la paciencia. O cuando siento que pierdo la FE.

Sólo hace falta repetir estas palabras varias veces para llenarse de fuerza otra vez.

MEMORIAS

Otro testimonio de FE sucedió cuando me iban a inyectar. Después de cuatro intentos, mi tío Javier no podía, y mi mamá empezó rezar pidiendo que él solamente fuera el instrumento y fueran las manos de Dios actuando en mi. En ese momento mi tío pudo inyectarme sin ningún problema.

Lo único malo de las inyecciones era que me dejaban algo nervioso y mi mamá creía que con su té de tila el asunto quedaba arreglado. Lo que yo quería era dejar esas "pinches" inyecciones.

Otro testimonio de FE ocurrió cuando mis papás estaban leyendo la Biblia. En ese momento me empecé a sentir mal. Me dolían la garganta, la boca y los oídos. Tenía unos cólicos horribles y me temblaban mis piernas. Dejaron de leerla, pero fue hasta que continuaron y terminaron, que me sentí mejor.

Cuando me dieron la explicación de esto, les creí. Cuando me leyeron, tal vez no entendí bien las palabras pero las sentí, y me sentí realmente liberado, lleno de alegría y con lágrimas en los ojos.

Algo que llegué a sentir o a presentir dos o tres veces fue la liberación de mi espíritu y la muerte. No sé, al pensarlo me sentía muy liberado en esos momentos y con una alegría interna. Es algo difícil de explicar para mí, por lo que me hubiera gustado hablar de ello con el padre Samuel y él sí me hubiera podido ayudar.

Otro de los que me han ayudado bastante y con el que me identifiqué es con Rubén. Me ha dicho cosas tan ciertas como éstas:

"Tienes derecho a sentirte como quieras, enojado, desesperado, como sea; pero no tienes derecho a rendirte". "Tienes que seguir luchando, y si no tuviera confianza y seguridad de que lo vas a hacer, no te estaría diciendo esto".

¡GRACIAS RUBÉN!

Sus palabras me dieron confianza, y al confiar él en mí, me hizo sentir bien.

También puedo hablar de mis amigos. Unos más y otros menos, pero cada uno de ellos me ha servido de fuerza y han formado gran parte de la base donde estoy parado ahora. Espero poder decírselos y agradecérselos algún día.

Algo chistoso y no me explico tampoco, es que a veces siento que Jesús está dentro de mí, es como si fuera yo. Siento una fuerza, una cosa rara. No se, como que me ayuda a sentir más a la gente. Como si supiera lo que están sintiendo ellos por dentro al verme. Algún día tendré la respuesta.

Uno de los días más caprichudos fue cuando me empecé a sentir solo, como que ya no se preocupaban por mí tanto como antes porque me veían muy bien. Recuerdo que sentía como se me iban los ánimos y entré en una depresión total.

Ese día mi mamá había salido. Yo estaba con Gabriela y me empecé a sentir mal. Empecé a gritar. Tuve una hemorragia y bueno, fue el caos. Mi madre no aparecía y esto contribuyó a que me sintiera peor. Me empezó a entrar el miedo, la soledad. No quería que Gabriela se fuera de la cama y le apreté la mano. Mis pies y mis manos estaban helados. Yo temblaba un poco y lloraba demasiado. "¡No me dejes Gabriela por favor!" Eso fue lo que le dije. En ese momento dejé de respirar tan aceleradamente y como que me hundí dentro de mí. Fue de las veces que sentí la muerte también.

Después ya que había pasado todo llegó mi mamá y en lugar de ver lo que tenía, se puso a hacer el quehacer del hogar.[6] Después subió, platicamos un rato y todo en orden.

Lo único malo es que me he quedado con las ganas de decir tantas cosas y de hacer otras tantas que en su momento debí haber hecho. Espero tener la oportunidad de hacerlo.

Lo que si hago a diario, es darle gracias a Dios por esta enfermedad, porque siento que es una oportunidad

---

6 Al principio de la enfermedad seguí presentándome a trabajar una vez a la semana, ese había sido el día. Gabriela me llamó muy asustada, llegué lo más pronto que pude, sin embargo era tal mi nerviosismo que tuve que esperar a calmarme para subir a verlo.

que Él me da. He aprendido tantas cosas y tal vez de otra forma no hubiera podido verlas.

¡Todo lo que se puede escribir en una noche de insomnio! Hoy me siento bien, sólo que más pelón. Ya hasta la barba se me cae. Lo que sí sé es que el estómago me arde horriblemente, pero con un poquito de Melox ya estuvo. Isidro está aquí y espero decirle lo que siento.

Sep. 6, 1989

Efectivamente, hoy empezaron las clases y nunca antes había deseado tanto estar en la escuela.

Deseo sentirme libre otra vez aunque me rodeen otras cuatro paredes al fin de cuentas, y ni siquiera diferentes, porque son las mismas que he visto durante doce años. Pero no es lo mismo, porque ahora podré moverme y cambiar de aires.

Gracias a estos días, ahora siento la necesidad de expresar mis sentimientos, de escribirlos o de manifestarlos de cualquier manera. No como antes que me quedaba callado. Ahora me gusta decir lo que siento. Y pienso seguir haciéndolo. No sé pero si se tiene ganas de algo, por qué negarlo, más si se trata de sentimientos. Por más trabajo que me cueste , tengo que hacerlo. Tal vez no tenga relación o no se la encuentre nadie, pero tal vez no tenga otra oportunidad. No porque sienta que me voy a morir ni nada, pero ahora estoy tratando de vivir lo mas posible desde mi cama y si dentro de ello está el decir un TE QUIERO, por qué no. No se necesita un día especial, solamente las ganas de hacerlo SINCERAMENTE, claro. Y eso es todo.

Hablando de eso, tengo muchísimas ganas de decírselo a mis papás, pero cuesta trabajo. Le doy gracias a Dios por haberme puesto en sus manos, realmente los admiro y mejor familia no puedo pedir.

Estos días cosa rara, no he querido ver a nadie. Me molesta, no sé por qué. Tal vez porque no he podido hablar con ellos como yo quisiera, pero a ver que sucede ahora que entren a la escuela.

Sigo preocupado por la escuela, pero ya no tanto como antes. Ahora ya no importa si pierdo el año, lo que me importa ahora es tratar de hacer lo mejor cada día y esperar resultados.

Lo mejor que puedo hacer es dar gracias al cielo.

Gracias a Dios
A la virgen
A Jesús
Al Espíritu Santo

de que están conmigo y ofrecerles cada día que llega. Juntos los 5 lograremos hacer de ese día, el mejor.

Hoy me estaba entrando la desesperación otra vez. Con eso de que me iban a traer los apuntes y trabajos, pensé que no tendría tiempo para terminar mis aviones, ni el libro que estoy leyendo. Después de hablar con el doctor me volví a la tranquilidad, pero como que me entra la resignación otra vez.

Me siento como si estuviera ahorrando energías para cuando sea necesario y eso no está bien, por que si hoy me siento bien, mañana debo sentirme mejor y no peor por culpa de mi estado de ánimo.

Me puse a pensar acerca de ello y tal vez reacciono así porque al hablar con el doctor me recuerda que estoy enfermo, y me empiezo a sentir mal, pero ya encontré la forma de superarlo. Viéndolo así, escribir este libro también me va a hacer recordar que estoy como estoy, por lo que voy a procurar no mencionar que estoy enfermo (lo hice, ya ni modo).

Algo que sí ha cambiado mi forma de sentir ha sido mi Fe, tal vez no ha sido mucha pero me ha ayudado.

Tal vez nadie llegue a comprender bien lo que siento acerca de el agua de Lourdes, de Dios, de la Virgen, de Jesús y del Espíritu Santo porque es algo que siento yo y que es personal. Me gustaría que la gente, que mis amigos, supieran y sintieran como yo o de alguna otra manera la presencia de Ellos. Tal vez a eso me dedique el resto de mi vida. Uno nunca sabe.

1.30 p.m.

Algo que acabo de aprender es que de las cosas más sencillas, o en ellas puedes encontrar alegría y felicidad. No hacen falta grandes palabras, regalos, así como tampoco se necesita de una situación especial. Creo que uno la puede hacer. Todo está en uno y en la forma que se quiera ver la vida.

¿Por qué no disfrutar todo lo que hacemos? ¿Por qué no de algo común hacer algo que nos enseñe o nos deje algo más que simplemente eso?

La cosa es querer y aprender a disfrutar cada pequeño detalle de la vida. No desperdiciar el tiempo en tonterías, en excesos y cosas que lo alejan a uno de todo lo que realmente vale la pena. No con esto quiero decir que no hay que divertirse, o tomar una copa, o que no puedas flojear de vez en cuando, al contrario quiero decir que hay que hacer lo que queramos pero disfrutándolo al máximo, así sea no hacer nada. Por qué no consentirnos un poco, claro que sin llegar a ser irresponsables.

Ahí esta el problema, cómo distinguir. Tal vez me reprima o tal vez exagere. Solo espero poder sentir en ese momento si lo que estoy haciendo esta bien y si no lo está, pues mejorarlo.

Creo que eso si es importante, mejorar un poco cada día y no dejar nada sin terminar y hacerlo bien.

Quien leyera esto me desconocería. No creería que yo lo escribí por el hecho de que siempre he sido muy flojo[7] y con falta de decisión, y si ahora lo leen se van a

---

7 *No se trata de alabar como se acostumbra a los que no están: "qué bueno era"... porque en realidad Gerardo siempre fue estudioso y responsable, nunca le exigimos dieces, pero tal vez él se consideraba capaz de tenerlos y flojo por no lograrlos.*

morir de risa. Puedo asegurar y me estoy imaginando lo que dirían. Pero no me da pena ni me avergonzaría hablarles de esta manera, o hablarles de Fe o de Dios. Tal vez no lleguen a comprender el significado pero no me negaría a hacerlo.

A veces me siento triste y enojado al ver la gente que me rodea. Viviendo sin un fin, actuando como máquinas y desperdiciándose en tonterías. Y a veces me siento que exagero en mi sentir. Como que siento, sentir y eso no es correcto, porque no tengo que compararme con nadie ni juzgar a la gente. Lo que tengo que hacer es demostrarme a mí y a nadie más que yo puedo lograrlo y estar bien con Dios, María, Jesús y El Espíritu Santo.

Creo que es mi única responsabilidad, aprovechar la oportunidad que dan de ver la vida aprendiendo tantas cosas. No niego que a lo mejor mañana piense diferente, pero lo que sí es seguro es que voy a cambiar. Y QUIERO ASEGURAR QUE NO ME VA A FALTAR FUERZA NUNCA MAS, SI TENGO FE Y CONFIANZA EN MI .

Después de escribir esto me siento mas calmado. Y como podrán notar estoy escribiendo este libro esperando que alguien lo lea algún día, tal vez solo yo. Pero quiero decirles que lo que he escrito hasta ahora y lo que escriba en adelante es lo que siento y lo digo con toda sinceridad y honestidad.

2.45 p.m.

Hay razones muy fuertes por las que sigo luchando y esas son mi mamá y mi papá II (Alfonso). Los motivos, prefiero no mencionarlos pero quiero que sepan (si es que algún día llegan a leer esto), que los admiro muchísimo, que doy gracias a Dios por tenerlos y porque me servirán de ejemplo toda la vida. Tienen una manera de luchar y de entregarse a la vida como sólo pocos saben hacerlo. Espero y tengo ganas de decirles que los quiero muchísimo (Digo espero porque no sé si tenga el valor de decírselos) .

Qué trabajo cuesta decir un TE QUIERO aunque lo sientas de corazón. No entiendo por qué.

3.15 p.m.

Recuerdo lo que dijo Claudia acerca de Cristo, lo que leí del libro (Metafísica) y lo que sentía yo en particular. (No quiero decir que sea cierto porque no esta comprobado y no se si lo llegue a comprobar) Pero el dolor de los pies y en particular en la mano, me han hecho pensar que es la presencia de él dentro de mi. Algún día lo sabré.

Hablando de cambiar, antes de todo esto yo me sentía cansado de mi forma de vivir y de todo lo que no había hecho. Ahora tengo la oportunidad de volver a nacer. Porque voy a estar pelón, porque me van a cambiar por dentro y por muchos detalles que me hacen pensar (claro que en broma, aunque no sé qué tan serio tomarlo) que voy a nacer otra vez porque voy a estar como Dios me trajo al mundo, pero con una gran ventaja, 17 años de experiencia, que aunque no son muchos, tampoco se regalan y menos cuando puedes nacer con ellos.

**Septiembre 7, 1989
10.45 p.m.**

Hoy tuve el día más largo hasta ahora. Casi no he dormido y me estoy muriendo de sueño. Escribo para hacer tiempo.

Se me vino a la mente la idea de que si el agua de Lourdes me ha ayudado a sentirme mejor, puede hacer que me alivie. Fe solamente. Se dice fácil, pero es lo más difícil de conservar.

¡BUENAS NOCHES!

**Septiembre 8, 1989
10.40 p.m.**

Hoy me dieron una noticia muy buena que me ayudo a reforzar mi fe. Hablé con el doctor (que por primera vez no me hizo recordar que estaba enfermo) me dijo que mi sangre estaba excelente y que sí esperaba ponerme el tratamiento.

Esta fue una pequeña prueba que me hice y la pasé.

¡GRACIAS! (Allá arriba)

Seguiré haciendo tiempo para mis medicinas así es que...

BUENAS NOCHES

Algo que voy a procurar es hablar con ustedes más y no sólo de noche. De todos modos saben que les ofrezco todo lo que hago cada día y que trato de hacerlo lo mejor posible.

UN BESO

10.55 p.m.

Siento que hasta ahora, hasta en la forma en que escribo esto, he tratado de llamar la atención, de sentirme importante. ¡Qué inmadurez la mía! Esto lo digo porque estoy convencido de que todo es cuestión mental. La verdad es que decepcioné a todos y a mí nada más me engañé. Quería estar enfermo y lo conseguí, pero esto tiene que acabar ya. No puedo permitir que la gente se preocupe por mí como lo hace, sólo para que yo me sienta seguro. Eso no es justo. No merezco tantas atenciones. Estoy molesto.

Ahora espero poder utilizar para bien lo que he aprendido acerca de mí y de lo que se puede lograr a base de Fe o de pesimismo.

Septiembre 9, 1989
7:30 a.m.

Ya no me siento tan culpable como anoche. Yo creo que dormido debí haber reflexionado acerca de esto y por eso amanecí más tranquilo. Lo que sí es que me siento un poco nervioso por lo del tratamiento. Creo que me tengo que preparar psicológicamente para recibirlo. Aunque también tengo una pequeña duda. No sé hasta donde pueda llegar o de lo que sea capaz mi mente. Sin embargo, voy a hacer todo, y si se puede un poquito más, mejor.

Y acerca de la Fe y del pesimismo (con eso que se pueden crear las enfermedades psicológicamente) no vaya a ser la de malas. Pero la mejor manera de solucionar esto es acercarme a Dios y a la Virgen; encaminarme con Jesús a mi lado y con el Espíritu Santo de ángel de la guarda. Junto a ellos ¿a quién puedo temer?

Tal vez si les dijera a todos que esta enfermedad es psicológica basándome en lo que he leído, no me creerían, cosa que me tiene sin cuidado, sólo que se perderían la oportunidad de aprender algo nuevo. En realidad ya se los dije dos veces, pero me lo tomaron a broma. Recuerdo habérselo dicho a Alfonso en el hospital.

Entonces, todo me hace pensar que es cierto y lo digo convencido. Yo siempre deseé tener una enfermedad así, para llamar la atención y demostrarles de lo que era capaz cuando me aliviara.

También lo desee para sentir ese romanticismo del sufrimiento, de los amigos y todo lo demás. Todo indica que lo conseguí y ahora que todo salió como en mi GRAN SUEÑO, es tiempo de poner los pies en la Tierra y salir a enfrentarme a la vida otra vez.

Además tengo que añadir el hecho de que me sentía desilusionado y decepcionado de mí. Pensaba que todo lo que había hecho no eran mas que fracasos y errores y que hasta ese momento no había sabido aprovechar tantas oportunidades que me había dado el Señor.

Bueno, eran tantas cosas las que traía dentro que necesitaba algo para formar mi carácter y poder de esa manera enfrentarme a la vida los siguientes años que yo consideraba los mas duros de todos. Es más tenía una imagen de ellos, algo obscura, pero al final me veía en el triunfo.

Según mi teoría, tal vez fue el miedo a fracasar lo que me orilló a esto. Sí, porque si lo analizo, por cobardía, por miedo y por todo eso busqué un escape. Busqué la manera de evitar todo y lo que encontré fue esto. Pero no tomé en cuenta que para entonces ya podría tener ganas de luchar y ahora si quiero aliviarme, me tengo que esforzar.

Así que no puedo huir de mi realidad y aunque al principio me costó trabajo hacerlo, ahora sé para donde tengo que ir y hacia donde voy:

¡HACIA EL TRIUNFO!

Tuve que dejar mis sueños y todo lo demás a un lado. Y eso me gustó, porque entre todo el sentimiento de fracaso, de decepción, de angustia, de desesperación y de ansiedad; en realidad yo necesitaba que algo pasara, que algo hiciera cambiar mi vida, porque yo estaba cansado de todo lo que había hecho. Cansado de tanto hablar, de tanta filosofía y nada de práctica, sino sólo palabras.

Y si a eso le sumamos el aspecto sentimental de la novia que me traía por los suelos, y que hizo que me enfermara varias veces. No sabía que hacer, no estaba a gusto y mucho menos feliz. Era a tal grado la idea del fracaso con ella, que lo único que conseguí fue cometer un error tras otro. Yo realmente no sabía si podía o quería seguir con ella. Estaba lleno de complejos de inseguridad. En fin, no estaba preparado para ello.

Creo que todo esto me hizo tener una necesidad de un cambio, que de cierta manera me quitara la presión que traía adentro. Presión que yo me había creado porque no me aceptaba.

Me perdí el respeto y el amor y me consideraba muy poco. Entonces, de cierta manera yo quería volver a empezar. Pedía esa oportunidad y la conseguí, y ahora que voy a volver a nacer ya me siento más tranquilo y ya veo todo con un poco más de calma.

En fin, ya sé lo que quiero y sé como lograrlo. Ya no me interesa demostrarle a nadie que yo puedo. Simplemente me voy a dedicar a ser como debo ser y a realizar las cosas. Dedicarme a los hechos y no a las palabras nada más.

Todo esto no es una justificación. No quiero hacer que todo se vea en mi contra, ni que yo era el bueno, ni que sufría mucho. Esto es una forma de reflexionar y de desahogarme, una forma de deshacerme de tanta inseguridad e inmadurez.

Ahora que veo qué fue lo que hice mal, sé como atacar mi problema. Y después de platicarlo aquí en el libro, me siento más tranquilo. Eso es lo que necesito.

Recuerdo que hace unos días, yo me sentía superior a ciertas personas. Yo consideraba que ciertas personas desperdiciaban su vida y me daba coraje. Además, como yo, según sabía muchas cosas y veía la vida de una manera diferente, más madura y todo eso, pensaba que era más que ellos.

Pero ¿cómo es posible que un ser superior capte la enfermedad que él alimentó y desarrolló, además de aceptarla, fomentarla y sentirse a gusto con ella?. Pero si "soy superior" entonces ¿por qué sufro con esta enfermedad?, ¿por qué no me alivio?, ¿por qué no les demuestro a todos lo que les quería demostrar?.

¿Saben por qué?. Porque no soy superior ni mucho menos. Soy una persona normal, pero eso sí, con muchas ganas de luchar y salir adelante. Eso puede hacer la diferencia entre una persona y otra, pero no la convierte en superior.

Al contrario, compararte con los demás para ver si eres superior o no, es porque en realidad te estas considerando menos y estás buscando a alguien más inseguro y acomplejado para que te haga sentir superior. ¡Bonito complejo de inseguridad! Así es esto del fútbol.

Septiembre 10, 1989
8.10 a.m.

Creo que tuve una buena preparación psicológica para recibir mi tratamiento, pero como dice Martín: "Espera una sorpresa tal vez"

¡Y pues sí! estaré preparado hasta para una posible sorpresa.

Ayer tuve una de las experiencias más bellas con Jesús. Fue algo más que bello, pero sólo encuentro esa palabra para expresarla. Si trato de explicarla, ni yo mismo la entendería.[8]

7.45 p.m.

De eso precisamente quisiera hablar. Primero que nada está Gustavo. Me siento presionado por él en cierta forma. Están en juego muchos sentimientos y realmente no quiero lastimarlo, pero siento que él espera que yo responda de cierta manera, y creo que no voy a poder. Cada vez que me

---

8 A partir de este momento habla en varias ocasiones de y con Dios, Jesús y María refiriéndose a ellos como PADRE, MAMÁ, MI GRAN FAMILIA O LOS CUATRO FANTÁSTICOS que incluyen al ESPÍRITU SANTO. Escribe esas y otras palabras toda con mayúscula, como para darle énfasis y en el caso de Ellos, tal vez como expresión de lo importante que eran para él.

habla, me pregunta qué he pensado y qué he sentido. A lo mejor él espera que yo le diga algo en especial.

Lo que yo siento, ya sea más o menos, sea cuanto sea, lo siento a mi manera. Entonces no le puedo decir lo que me pide, como tampoco puedo corresponder a sus amigos como él quisiera. Me siento presionado por esto y es que es tan extraño, no sé si Dios los puso en mi camino.

No entiendo muy bien qué hacer y siento algo de miedo porque es algo nuevo para mí. En realidad estoy algo confundido.

Ahora, acerca de lo que siento, lo considero yo, algo muy íntimo, muy personal. Tal vez sea egoísta pero para esas cosas soy muy reservado. No me dan ganas de andarlo divulgando.

No con esto estoy negando lo que siento, ni estoy tratando de ocultarlo, pero son momentos que vivimos NOSOTROS solos (Jesús y yo) y me gustaría guardarlos y sentirlos como íntimos. Además de que tampoco quiero sentirme presionado a hacer nada. Quiero que sea mi corazón (Que es de DIOS, de la VIRGEN, de JESÚS y del ESPÍRITU SANTO) quien me mueva a actuar. Quiero hacer las cosas de corazón, que me nazcan poco a poco. Tengo un buen comienzo.

Sentirme obligado a hacer algo, es hacerlo de mala gana y a la larga, en lugar de que me produzca placer me va a producir malestar. Nunca me ha gustado que me impongan nada, me gusta que me convenzan con hechos. En realidad hechos son los que he tenido, ya que LA

GRAN FAMILIA que tengo se ha preocupado poco a poco por convencerme.

Yo poco a poco voy convenciéndome y ya no me cuesta tanto trabajo aceptarlos.

Son tantas ideas las que llegan a mi mente que me siento un poco confundido acerca de si uno es el que realmente se crea la enfermedad y toda esa psicología. Realmente ahora dudo qué fue lo que causó ésta.

Lo que sí sé es que cuando tengo dudas o problemas, o cuando me siento triste o falto de FE, sólo necesito escribirlo para que al terminar de hacerlo ya tenga la respuesta, la solución, o nuevamente FUERZA.

Creo que escribirles y platicarles es una forma de comunicación entre USTEDES y yo. Lo chistoso es que USTEDES saben las cosas antes de que se las platique. Es por eso que no me da mucho tiempo para escribir.

Hay algo que no me gusta y es la noche. Cada vez que llega, me entra algo de miedo, de intranquilidad y de inseguridad. Empiezo a pensar cosas sin sentido que no dejan dormir. Seguiré rezando por las noches hasta superarlo. Ahora que lo veo, si utilizo mi terapia psicológica, como hasta hoy lo he hecho, no tengo por qué dudar.

Ya han sido varias veces que he sentido la presencia de El SEÑOR en mí. Sólo que las primeras veces no lo sabía. No sabía que era ÉL. Ahora, después de que vinieron los amigos de Gustavo, comprendí lo que había sentido antes.

Recuerdo que la primera vez me dio miedo, creo que ellos se dieron cuenta, pero es que no sabía que era lo que suponía debía sentir. Fue en el momento que me hablaron de mi MADRE, cuando sentí algo. Sentí un arrepentimiento y una alegría que ELLA aceptara entrar en mí, después de que yo la negué durante muchos años. Llegué incluso a insultarla. "Perdóname por favor". No me siento con el derecho de aceptarte. Siento que no merezco tu Amor, no merezco tu compañía. Pero digamos que desde que estoy enfermo, empecé mis relaciones CONTIGO otra vez. Al principio tenía mis dudas. Mis razones también las sabes y no me justifican, por eso TE PIDO PERDÓN MAMÁ."

TÚ también me has dado testimonios de Fe, con el agua de Lourdes, con el Rosario. Te doy gracias por eso, por seguir confiando en mí. No sé si es correcto que me dirija a TI de esta manera pero quiero decirte que: TE QUIERO MUCHÍSIMO.

Al SEÑOR lo he sentido más veces tal vez, pero también me infunde algo de respeto, es que es tan GRANDE, que siento que no debería tenerle tanta confianza. No sé que he hecho para merecer tanto.

Sigo insistiendo que la vida ha sido injusta conmigo por darme más, muchísimo más que lo poco que me ha quitado, cosa que TE AGRADEZCO SEÑOR, DE CORAZÓN. Poco a poco voy entendiendo por qué haces las cosas y te doy gracias por ello.

En un principio no acepté muy bien a los amigos de Gustavo. Sentí algo raro en ellos, además de que la primera vez me hubiera gustado que me hablaran más de la Virgen María. También por eso no los acepté muy bien. Por ejemplo la segunda vez no hablaron de ELLA y eso me hizo sentir un poco triste. Recuerdo que yo pedí por ELLA.

La primera vez, sentí algo chistoso. Al estar con ÉL me sentí niño y recuerdo que Jesús y yo corríamos en un campo precioso. Corríamos y jugábamos, después nos sentamos en un árbol y observamos mi montaña. Esa montaña representa mi vida. Después nos levantamos y caminamos hacia ella. El cuadro estaba pintado así: en el sendero íbamos Jesús y yo, María nos observaba. Había algo extraño en su expresión, reflejaba nobleza, compasión, no sé, realmente eran muchos sentimientos, El Señor sentado en las alturas nos observaba y el Espíritu Santo sobre nosotros. Caminamos por el sendero y cuando me di cuenta cruzábamos un desierto.

"¡SEÑOR, TE OFREZCO MI DOLOR, ACÉPTALO"[9]

Todo esto se me venía a la mente una y otra vez. Esa alegría de niño, de estar con Ustedes es la que no se me olvida. Después de esa vez, volví a estar con Él,

"¡SEÑOR, TE OFREZCO MI DOLOR, ACÉPTALO"

sólo que esta vez nos fuimos a andar en moto. Cruzamos la ciudad y después nos encontramos atravesando un gran campo, sobre una larga carretera. Y después ese

---

9 Gerardo interrumpía sus ideas para escribir esto cada vez que sentía un fuerte dolor, sabiendo que con este ofrecimiento el Señor lo calmaría.

sentimiento de libertad, y ahí estábamos volando sobre las montañas. ¡Fue algo precioso!

Recuerdo que esa primera vez que vinieron, también sentía la presencia de mis ideas acerca del diablo

"¡SEÑOR, TE OFREZCO MI DOLOR! ¡ACÉPTALO Y LIBRA DE SU SUFRIR A OTROS!"

y todo eso. Pero con SU Ayuda, logré sacármelas de la cabeza.

La segunda vez fue la más triste, digámoslo así. Cuando me pidió Martín que viera al Jesús de la cruz, no tuve valor de hacerlo. Me sentí "mierda". Fue algo como coraje, tristeza, arrepentimiento. Y no pude aceptarlo en la cruz. Pensé ¿Por qué Tú Señor? y lo bajé de la cruz.[10] No sé si fue correcto lo que hice, pero en ese momento sentía que yo merecía estar en la cruz más que Jesús. Y le pedía que bajara para estar conmigo y poder jugar con Él. Fue cuando pensé en mi MADRE y en el SEÑOR y el ESPÍRITU SANTO y recordé el cuadro. Al hacerlo sentí otra vez arrepentimiento y me volví a sentir "mierda". Yo no merecía tanto. No me lo había ganado. La verdad es que por eso le temo a la noche.

"¡PERDÓNAME SEÑOR!"

Ahora entiendo que no debo rechazar ese Amor que sienten por mí. ¡GRACIAS por amarme tanto! es por esa

---

10 *En realidad desprendió el cristo de un crucifico que tenía en la cabecera de su cama.*

razón por la que me amo y por la que amo a los demás. Porque es SU AMOR EL QUE ME HACE AMAR.

Me siento tan humilde ante la Presencia de Dios. Lo más bonito es que desde que estoy enfermo cada vez que rezo, lloro.

Quiero pedirte por Gustavo y sus amigos, y darte las gracias por haberme permitido conocerte de otra manera.

**Septiembre 11, 1989
10.20 p.m.**

Hoy sucedió algo que tenía que suceder y bien o mal fue lo mejor, así, lo más pronto posible. Estuviera yo de acuerdo o no, tengo que aceptarlo porque fue Dios quien lo decidió así. El terminar con Lilia realmente no me hizo feliz, pero desde mi posición creo que fue lo mejor para ella. Con el tiempo le encontraré los beneficios para mí. A pesar de todo me siento tranquilo porque siento que fue lo correcto. Yo pedí que el Señor me iluminara y me ayudara a solucionar esto, y así fue.

Si bien la decisión fue de ella, yo le facilité el trabajo y no me puse difícil, es más, parecía que yo estaba deseándolo también. Prefiero que lo crea así.

La verdad es que me costó trabajo. Me siento como cuando era niño, cuando tenía que deshacerme de algún juguete que me gustaba para que lo regalaran[11] peor aún.

---

[11] *En Navidad o Reyes, les pedía a mis hijos, regalaran a niños que no tuvieran, algún juguete con el que todavía jugaran; aunque nunca pedí ni pensé*

Bueno, no puedo permitir que esto me hunda y dejar que todo lo que he ganado hasta ahora se derrumbe. Sin embargo, sí lo estoy sintiendo y de hecho tengo lágrimas en los ojos. Tengo que encontrar la manera de entretenerme lo más posible, porque ahora que tengo tanto tiempo, debo tratar de no pensar en ella. Me pregunto por qué lo hice, por qué lo permití cuando estuvo en mis manos solucionarlo. Ahora ya era tarde, pero tuve mucho tiempo. El orgullo es algo que no deja nada bueno. Mejor aquí le paro y dejo de darme lástima y de echarme la culpa. Total, ya que como dicen:

"Si amas algo, déjalo libre.
Si vuelve a ti, es tuyo.
Si no, nunca lo fue."

Aunque tenga que aceptar que nunca lo fue.

En fin, no puedo negar las ganas de poder asegurar que volverá a mi. Cada vez me convenzo más de que no estoy preparado para este tipo de asuntos. Me doy cuenta de todo lo que he perdido y puedo llegar a perder por falta de decisión y por orgulloso. Todo esto tiene que cambiar y con el apoyo de mi GRAN FAMILIA, es un hecho.

Hay tantas cosas que tengo por delante, me hace falta tanto que aprender y tanto que entender, pero poco a poco todo va teniendo sentido. Poco a poco estoy

---

que dieran su preferido. Estando en el hospital Gerardo me dijo que nunca se olvidaría de una patrulla –su preferida– que había "tenido" que regalar. Creo que sólo un niño como él, habría hecho una elección tan difícil a los 9 ó 10 años de edad.

encontrándole un interés a la vida. Está regresando esa razón para luchar, para vivir y entregarse de corazón. Poco a poco siento que todos esos ideales y metas se van a volver tangibles, se van a volver hechos. Puedo asegurar que no van a cambiar y puedo asegurar que voy a alcanzarlos, porque de todas forma, nunca me sentiría realizado como ser humano.

Siento que pronto voy a saber lo que me espera detrás de mi montaña. Creo saber lo que se siente en la punta y poder observar lo que hay del otro lado.

Sé que el camino es desconocido y puede ser difícil y duro, con penas o sufrimiento. En fin, puede ser tantas cosas. Pero nada que temer porque Tú Señor Jesús eres mi camino.

"Somos lo que anhelamos ser."

11:00 p.m.

En estos días me ha llamado la atención rezar el Rosario. Realmente me gusta hacerlo, me gusta hacer este pequeño sacrificio. Lo interesante es que cada vez que lo leo, porque este Rosario es leído, siento calor y toda la noche siento ese calor. Bien raro, porque desde que tomo el agua de Lourdes, sudo por las noches, pero sudo estando frío.

Voy comprendiendo porque no creía tanto en TI MAMÁ, y es por tanto lenguaje que no entiendo y que se me hace algo exagerado, pero todo debido a la ignorancia. Ahora te voy conociendo y llegará el momento que platiquemos como a mí me gusta hacerlo. Ahorita todavía me da algo de pena y vergüenza por mi actitud, pero espero ganarte, poco a poco, si es necesario. El momento llegará ¿verdad?.

Sep. 12, 1989
6:35 a.m.

Soñé con Lilia y fue algo desagradable el sueño, sin embargo ya estoy un poco más tranquilo, lo único que llega a mi mente es la idea de estar solo en ese aspecto. Espero que esta vez sí encuentre la manera de acostumbrarme ya que a veces necesito de ese tipo, mejor dicho, de esa manifestación de amor o de sentimientos. Ya ni quiero hablar de esto, no tiene caso.

La imagen que tengo presente es que yo estoy parado. El lugar no tiene mucha descripción. Estoy mirando siempre hacia la misma dirección, como en otras imágenes, con una paloma blanca en las manos. Sé que tengo que dejarla ir, aunque sea de mis "favoritas" por así decirlo. Abro las manos y la paloma vuela de ellas. No sé si se aleja o no, eso no lo veo. El hecho es que estoy parado con los brazos abiertos hacia arriba y viendo en la misma dirección.

Antes me preocupaba qué camino tomar en mi vida.

Siempre veo tres y yo necesitaba que alguien me dijera cuál tomar. Nunca se me ocurrió la idea de preguntare a TI y dejar que TÚ me guiaras.

Ahora que me acuerdo, soñé que me encargaban construir una arca, como de esas para armar y empecé a construirla.

Septiembre 13, 1989
9.25 p.m.

Poco a poco voy aprendiendo.

Hasta ahora iba aprendiendo a Amar a los demás pero, ¿por qué de pronto me enojé? Bueno, justo cuando estaba escribiendo esto.

Ya pasó un rato y no sé me pasa el coraje.

Estuve pensando en Lilia, pero todo lo que pensé ya no tiene caso. Lo que no se dijo en su momento, ya no es válido ahora.

Septiembre 14, 1989
7.50 a.m.

No trates de ser lo que no eres. Recuerdo haberlo dicho a muchas personas cuando me pedían un consejo y yo realmente nunca escuché mis palabras. Ahorita se me vino esa frase a la cabeza y me enseñó que yo he hecho todo lo contrario. ¡Interesante!

Estoy entrando a la monotonía. Cada vez los días me lo parecen más. De hecho, hasta escribir ya es monótono. Hoy no ha habido nada nuevo, nada anormal. Estoy llegando al grado en que a todo lo que me sucede le quiero encontrar un significado más profundo, cuando el significado está a la vista sin necesidad de buscarlo. El caso es que creo que estoy exagerando con tanta filosofía.

Septiembre 17, 1989
9.15 p.m.

Aquí estoy otra vez, escribiendo. Creo que estos últimos días me he alejado de todo. Me he encerrado en mis pensamientos y me he olvidado de todo lo que está aquí. Ahora creo ya es tiempo de actuar de otra manera, de cambiar esa actitud pasiva.

Siento y creo que mientras espero, puedo hacer muchas cosas. Todo para llegar al hecho de que en mi casa dicen que soy el milagro andando, que soy una muestra de valor, que estoy loco. ¡GRACIAS A DIOS! siempre dicen.

Estoy de acuerdo con eso último pero siento que soy más que eso. Que no sólo soy el milagro que dicen, sino que soy el ejemplo de lo se puede lograr si se tiene FE. Que no se necesita estar enfermo para tener FE y mostrar valor, ni que sólo cuando te enfermas vas a estar cerca de Dios.

Siento que soy un ejemplo, porque Dios está tratando de demostrar a través de mí lo que se puede lograr con la FE y cuando estamos con ÉL y cerca de ÉL. Y no tan sólo conformarse con decir GRACIAS A DIOS y seguir como si nada.

Creo que es mucho lo que se puede hacer y lo que tenemos que agradecer por esta oportunidad. Y después de agradecer, hacer lo que se tenga que hacer y volver a agradecer.

Creo que al fin, encuentro sentido a mi enfermedad y una manera de llevarla conmigo el tiempo que sea necesario hasta que la gente se de cuenta.

Septiembre 19, 1989.
4:05 a.m.

Soñé algo, una voz que me platicaba y me preparaba, a la vez me explicaba una serie de cosas que ya no recuerdo y me enseñaba un sobre, más no me lo daba, ni lo abría ni nada.

Yo no sé si deba, pero ayer practiqué la Presencia de Jesús usando un poco del libro de Metafísica y dio resultado.

7:25 a.m.

Hoy amanecí un poco agripado. Yo creo que para no ir a la escuela. Pero no me conviene estar así porque mi mamá se está preocupando demasiado y eso me pone nervioso, hasta de malas. De hecho ahora no tengo ganas de ver, ni hablar con nadie. Es que ya me cansé de tener que hacer las cosas, cuidándome de que no parezca que me siento mal, porque ya están todos aquí viendo qué tengo.

Por ejemplo, si me duermo en la mañana, mi mamá se asoma a cada rato a ver qué tengo y todo el que viene me pregunta si me siento mal o si tengo sueño, que si estoy cansado y por qué. Yo lo que quiero es tranquilidad y para tenerla tengo que quedarme despierto toda la mañana para que nadie se preocupe y todo esté en orden. Pero he llegado al grado que ya me siento cansado de esto. Tengo que encontrar el equilibrio.

8:35 p.m.

Tengo que aceptar (no debería) que siento que pierdo el ánimo y la fuerza, digamos el valor de enfrentar las cosas. Hoy no demostré más que eso. Me estoy dejando llevar por la enfermedad en lugar de hacerle frente.

Hay tantas cosas que quiero cambiar DIOS MÍO, que te pido me des el valor y que fortalezcas mi FE.

Septiembre 24, 1989
11:40 a.m.

¿Sabes una cosa?

¡ERES MARAVILLOSO SEÑOR!

¡Gracias! Es un día increíble.

Septiembre 25, 1989
1:25 a.m.

Ya no acepto esta "pinche" enfermedad. La verdad estoy harto, desesperado y por qué no decirlo ya me tiene bastante "encabronado". Porque si dijera bueno el "jodido" soy yo nada más, nel, me estoy llevando entre las patas a mucha gente; gente que se ha sacrificado y que ha luchado tanto o más que yo.

No es justo que paguen el precio de mis pendejadas. Así es que ahora mismo NIEGO TODO TIPO DE ENFERMEDAD, SIMPLEMENTE NO ES PARA MI, NO ES VERDAD (parece que me estoy volviendo loco) LA ÚNICA VERDAD EN MI Y EN MI ESPÍRITU ES LA VIDA, LA SALUD Y LA FELICIDAD.

Lo demás no lo acepto porque es mentira. Y a la "chingada" con lo que diga el doctor, con lo que crea o piense, es su FE contra la mía.

(En realidad el doctor me ha demostrado que mi FE no es tan fuerte, pero va a serlo, de hecho ya es más fuerte y TENGO FE EN MI FE).

Siento que ya estoy preparado para enfrentar los problemas que había venido rehuyendo desde hace tiempo. Ya basta de palabras y de escribir todo esto. Ya es hora de llegar a demostrarlo. Creo que son mejores los hechos que las palabras.

Si, porque el precio que están pagando por mí es bastante elevado. La verdad he sido un ciego. Durante mucho tiempo yo decía que no tenía una familia, que a nadie le importaba nada en esta casa; que por qué no podía tener una familia normal como casi todos y el tonto de mí no se da cuenta que tiene más familia que muchos otros que tienen un papá y una mamá nada más. Pero la mía no le pide nada a ninguna, pero hasta que le jalan las orejas a uno, no se da cuenta de lo que tiene.

¡GRACIAS!

Septiembre 27, 1989
9:25 a.m.

Siento que me estoy consumiendo aquí, poco a poco. Estando encerrado tanto tiempo me estoy enfermando y ya tengo ganas de sentir que estoy vivo, por así decirlo. Pero aquí en mi casa ya no hay nada que me llame la atención. Ya no pertenezco aquí, necesito salir antes de que empiece a haber problemas debido a la desesperación.

Septiembre 28, 1989
11.30 p.m.

Hoy estuve a punto de estallar. Me estaba ganando la desesperación pero conseguí controlarme.

Yo lo que quiero es que me dejen en paz y tranquilo. Ya no quiero saber de controles, pastillas, ni nada. La verdad es que estoy hasta la madre de todo esto, si pudiera mandarlo todo a la chin...

Al carajo con todo esto. De una u otra forma tengo que vencer esta "pendejada" que tengo, antes de lo que todos esperan.

No todo es tan malo, porque ya pude salir y me fui a rezar al comunal. El ver las flores y los árboles me causó una gran alegría a pesar de que el día estaba nublado, pero eso no le quitó lo bello. (¡Qué romántico!)

Creo que lo que tengo que hacer para ver los días más hermosos y soportables es verlos con ojos románticos. Ver al mundo con AMOR, como enamorado del amor y aunque alguien lo representará específicamente, no por eso dejaré de AMAR a todos los demás.

La verdad, es difícil amar al prójimo. Es más fácil decirlo, pero me ha costado trabajo cuando estoy en contacto con ciertas personas. Lo voy a conseguir, porque poco a poco estoy cambiando mi forma de pensar acerca de ellos.

¡YA SOY LIBRE!

Ahora que lo veo, no todo, mejor dicho, nada es tan malo como parece. Estoy contento más no resignado. No siento que haya sufrido, mis penas no han sido tan grandes ahora que las veo.

¡GRACIAS SEÑOR. UN BESO A MAMÁ. AL ESPÍRITU SANTO, GRACIAS por darme tanta

FUERZA Y FE para resistir el pesimismo, la tristeza y todas esas mentiras que hay en la vida!

¡Lo que puede hacer una oración !

Septiembre 30, 1989
10:45 p.m.

Hoy cumplo dos meses de que empecé a sentirme mal y después de todo no ha sido tanto. Se me vuelve cansado si pienso en el tiempo que llevo y en el que me falta, pero si lo analizo bien, no ha sido nada malo. Realmente me ha servido muchísimo todo este tiempo para más o menos poder darle un sentido a mi vida. Se que diario voy a aprender algo más y esto me ayudará a darle aún más sentido. Eso me hace seguir adelante, estar deseando un nuevo día para tratar de vivirlo mejor que el anterior. Creo que una VIDA ENTERA SE VIVE, DÍA A DÍA.

Antes de empezar a escribir el día de hoy esto, tenía ganas de mandar todo al carajo. La verdad es que también dudo y si tratara de justificarme diría que soy un ser humano que está cansado y que tiene sus dudas. Lo aceptaría, pero no puedo empezar a justificarme porque entonces todo vale madres. Siento que no puedo ceder ahora ni nunca.

Tal vez tenga ese derecho por ser un ser humano y no un santo, así como de enojarme, desesperarme, gritar y llorar; de sentirme como yo quiera. Ya depende de mí, de lo que quiera conseguir : El triunfo o la derrota.

Pero hay dos cosas a las que no tengo derecho: 1) lastimar a los demás con mi actitud, ya que no puedo culpar a nadie de lo que pasa porque de mi depende el que me recupere pronto. Sólo se necesita estar convencido de ello para salir adelante; 2) dejar de luchar. No puedo decir "No Puedo", antes de intentarlo y aún si llego a decir "NO PUDE" seguiré intentándolo.

Creo que es mejor decir –no pude– pero seguir adelante, porque el mundo sigue girando, todo sigue adelante, y no por una caída voy a detenerme totalmente. –NUNCA–.

Ya estoy más tranquilo después de escribir esto. Lo que sí es que hasta ahora nadie ha comprendido lo que siento y lo que trato de hacerles ver.

Hasta cierto punto por eso he estado callado.

Tal vez no esté preparado aun para enseñar y si es así, esperaré. Total, no tengo nada que perder y el tiempo me sobra. Si tengo que aprender más no importa, porque para eso estoy aquí. Además de que lo acepto, estoy contento en ese aspecto, pero me gustaría que la gente me entendiera mejor, porque luego no tengo con quien platicar. Dicen que alucino barato. Yo se que no me pueden entender porque no lo están viviendo. Además, todos somos diferentes.

En fin, esta idea de escribir lo que pienso, siento, etc. es la mejor solución.

Octubre 1, 1989

He pensado que si no me salen las cosas como quiero es quizá porque a lo mejor tomo un papel que no me corresponde, demasiado en serio. La verdad, es más fácil no preocuparme por nada y a ver qué pasa.

Todo es cuestión de actitud y de como quiero ver las cosas. Porque podría estar viviendo los días más amargos de mi vida, sin embargo, pueden ser los más felices, porque estoy rodeado de tanto amor que no puedo creer que la amargura exista.

La verdad creo que he hecho un buen trabajo, del trabajo que no se espera otro reconocimiento más que el propio, que es el más importante. Nadie más que yo puede verse beneficiado por lo que hago.

Bueno, eso de nadie no es cierto, porque estoy conectado a un gran grupo de personas y si yo fracaso, todos fracasamos. Si triunfo, el triunfo es de todos, pero el reconocimiento es mío y ninguno será mejor que el que yo me dé. Es por eso que no puedo parar ahora o detenerme completamente, porque estoy comprometido con mucha gente, y es gente que amo.

A pesar de todo, también tengo ganas de sacar todo ese coraje que llevo dentro. También hay algo de tristeza y de sufrimiento, pero no le doy tiempo de manifestarse porque no quiero lastimar a nadie. Total,

¡SEÑOR, TE PIDO ME ILUMINES!

Es por eso que quiero estar solo. Así no afecto a nadie y si llego a tener ganas de llorar pues no me las aguanto. Sé que esto es pasajero y que no me voy a rendir. Me preocupó más por los demás que por mí, pero eso me hace feliz. Aunque no debería ser tan aprensivo, ni actuar como esponja que absorbe los problemas de todos y no me doy un tiempecito para quererme y ver que todo esté bien conmigo.

Todo esto tiene que cambiar un poco.

Octubre 3, 1989

Me siento triste, como que me hace falta algo que me haga sentir vivo. Ese algo puede ser alguien. La verdad es que he tenido muchas ganas de llorar y de sufrir, pero me he reprimido y no las he dejado salir. También tengo ganas de sacar al Gerardo pesimista en lugar de dejarlo aquí adentro.

Lo cierto es que estoy harto de estar enfermo o convaleciente o lo que sea. No hay diferencia para mi. Lo único que se es que tengo que estar así mas tiempo. Bajo qué título, no hace diferencia alguna. Es por eso que siento que me estoy engañando. De que sirve sentirme tan bien y luchar tanto si no consigo que me dejen vivir como una persona sana. Todos eso me dice que sigo enfermo. La verdad es que estoy confundido. A veces me pregunto para qué tanto, eso sí, nunca por qué, sólo para qué.

Sé que no debo tratar de entenderlo o preocuparme por hacerlo porque el SEÑOR se encarga de todo. Eso es lo que me cuesta trabajo aceptar. Mientras tanto, yo me siento como olvidado, por no decir, algo muerto. La verdad es que me hace falta un poco más de vida. Es por eso que estoy desesperado y enojado, porque a pesar de que no aceptó mi enfermedad todo lo que hago me recuerda que estoy enfermo y me limita. Y el estar limitado por esta enfermedad no me hace nada de gracia porque yo me siento muy bien. Es más, puedo decir que no siento que estoy enfermo.

Ya no sé si estar solo y que nadie vea ni sepa nada de mí, o salir a la calle tal como estoy y dar pie a que la gente me tome de tema de conversación.

Tampoco se si quiero seguir enfermo o no. Porque si no quisiera ya no lo estaría y si no hubiera querido, nunca lo hubiera estado. Eso me da más coraje.

Aquí, él único que no sirve soy yo. A veces no se si lo que hago, lo hago por dar lástima o por llamar la atención. La verdad es que a veces me gusta sufrir. Bueno para no hacerlo largo, me siento culpable de todo esto y no puedo dormir tranquilo.

Y luego, no he dejado de pensar en el amor. Bueno, no sé, si lo que necesito es alguien a quien poder abrazar y decirle que la amo. Alguien que me dé su apoyo y me dé confianza y seguridad y que me necesite tanto como yo a ella.

Que me haga sentir "Vivo" y que soy alguien. Tal vez no tenga que buscar mucho.

Octubre 4, 1989

A veces creo que voy a morir y pienso que entonces no tiene caso hacer nada, ni luchar. Pero también pienso que si voy a morir por esto que sea con honor. Y la verdad, es que todavía tengo fuerzas y se que puedo dar muchísimo más, como si éste fuera mi último día.

La verdad es que no quiero morir. no quiero dejar a tanta gente linda que me rodea. Ahora no es el momento para eso. Tal vez en unos 100 años piense en la muerte.

Octubre 5, 1989
2:00 a.m.

Ayer platiqué con Rubén y me hizo bien. Me hizo ver que yo no soy el culpable de lo que me pasa, porque no sabía que esto iba a suceder. Y es cierto que no tengo que culparme de estar enfermo. Si bien es cierto que yo lo deseé, no sabía que yo podía provocarlo. Lo que tengo que hacer es aceptar mis errores para que me ayuden a crecer.

Yo se que en ciertas ocasiones tomamos decisiones y nos equivocamos. Fallamos y nos caemos o tropezamos. Pero a pesar del dolor, debemos levantarnos y seguir adelante. La única forma de levantarnos es aceptar que fallamos y aprender de nuestros errores. Después de todo, el mundo sigue su camino y no podemos quedarnos parados. Mejor dicho, no debemos detenernos, porque esto evita nuestro crecimiento.

Entiendo que hay veces que tenemos que detener nuestro caminar. Las causas pueden variar, pero no detenernos para siempre. De una u otra forma debemos seguir, siempre adelante y poco a poco iremos creciendo. No dejarnos vencer por cualquier cosa y aun vencidos, volver a levantarnos.

Ahora lo importante es que lleve a cabo esto que estoy escribiendo y de lo que estoy convencido.

Gracias por haberme dado tanto que no he sabido aprovechar y conservar.

DIOS, te pido sabiduría.
ESPÍRITU SANTO, te pido fuerza.
SEÑOR, sé mi guía.
MADRE, cuídame.

¡GRACIAS!

Hay algo que me molesta más que nada y es que me tomen como su changuito. Eso de ser juguete de alguien no me parece. No sé qué crean, pero a veces si me fastidia. Por ejemplo, el que todos quieran tomarme fotos y divertirse conmigo, o que me asome a la ventana como si fuera un bicho raro para que todos afuera me observen. Ni que fuera el hombre elefante.

La verdad es que sí he soportado bromas pesadas, burlas y situaciones muy molestas. Aunque tal vez debería hacer lo mismo que los demás y no tomar tan en serio esto y divertirme.

Bueno, tanto así como divertirme no, pero si tomarlo con sentido del humor. Y aunque lo he hecho, algunos comentarios llegan a herirme. Lo que yo quiero es que me traten como una persona normal. A fin de cuentas eso es lo que soy.

Octubre 6, 1989

Creo que ya sé porque estuve un poco desanimado y más después de hablar con el doctor. Él me dijo que tenía que pensar si me ponía el tratamiento agresivo o no. Eso me hizo pensar que no estaba seguro de que estuviera bien. Además, el que me lo ponga o no, no depende de mí. Aunque me sienta muy bien no puedo influir en la decisión del doctor.

Le voy a tener Fe, porque es lo mejor que puedo hacer. Para influir en su decisión, si hablo hoy con él, le tendría que contagiar un poco de seguridad y confianza para que realmente sienta que estoy bien.

Octubre 8, 1989

Escribir sobre:

- Orar
- Mundo Real
- Desconfianza, Duda o Intenciones
- Dar Gracias y Perdón
- Hacerlo solo

Si hoy no lo hice fue porque mi mente no estaba clara, por lo que no podría escribir nada coherente.

Octubre 9, 1989
8.30 p.m.

Ayer tuve un día muy triste, estaba algo cansado y por eso no quise escribir. Hoy también ha sido un día triste y he estado algo desanimado. Me sentí solo y cansado.

Mi mamá quería que fuera a la escuela pero yo no quise. La verdad fue porque no quería emocionarme yendo a la escuela esta semana y luego no ir las dos siguientes. Es por eso que no quise ir. En realidad lo que quiero es ser yo otra vez.

Bueno ahora que lo pienso, realmente no se cuál es mi verdadero YO, porque he encontrado tantos últimamente. Lo cierto es que no quiero ilusionarme mucho por la escuela. Yo se que tengo que aprovechar los días que pueda y dejar de preocuparme por lo que vaya a pasar después, pero bien dicen que el ser humano es el único animal que cae en el mismo hoyo dos veces.

La verdad es que me da miedo enfrentarme a la realidad otra vez, salir a la calle y al mundo real. En casa, luchando contra la enfermedad (que es algo que ya conozco) me siento más protegido. Se que soy cobarde por no querer afrontarla pero me da miedo. Siempre he tratado de evitar el mundo material. Tal vez porque suele ser doloroso o costoso.

Creo que esa es la causa de que yo sea tan pensativo y filósofo, encerrado en un mundo donde yo controlo las acciones y donde casi no hay dolor. Además, en él no hay muchos fracasos, porque ese es mi temor ahora, fracasar en esta nueva misión, si se le puede llamar así.

Tengo miedo de ser lo que era antes, el mismo "pendejo" de siempre y no saber aprovechar esta oportunidad.

Sé que es algo que debo hacer porque siento el compromiso conmigo y con mi familia aquí y mi FAMILIA allá. Les pido la sabiduría necesaria, la fuerza y la FE para salir adelante lo mejor posible.

Yo quisiera saber porque me da miedo la realidad.

Ahora que lo veo, estoy pasando la etapa más difícil de mi enfermedad. Lo irónico es que si pude con ella, ¿por qué no con el mundo?. La verdad es que no me siento preparado. Qué inseguro soy. Pero voy a poder.

Acerca de orar. Me he dado cuenta de que soy un poco envidioso y egoísta en ese sentido. Casi no me gusta compartir mi oración con los demás, es decir, pedir por los demás si me gusta. De hecho es lo que más deseo, el poder compartir con la gente lo que he vivido. Pero me gusta reservar un momento a solas para orar y platicar JUNTOS, íntimamente.

De la cruel realidad ya hablé. La verdad es que siempre he tratado de evitarla. Yo se que es lo que tengo que poner en práctica. ¿Dónde? En el mundo real, porque con pensarlo no es suficiente. Sólo me hace falta decisión. Es por eso que me encierro tanto en mis pensamientos y dejo pasar el tiempo.

Pero también pasan las oportunidades y los momentos en que debo actuar. Después me arrepiento porque desaprovecho muchas cosas, porque lo pienso demasiado y porque soy demasiado tranquilo. Este "pendejo" tiene que cambiar, porque no me tiene nada contento. Todo va a ser mejor. Yo tengo SEGURIDAD.

Algo que he notado, es que creo que la gente, detrás de lo que dice, siempre tiene otra intención. La verdad es que a veces dudo de la gente, hasta ver, qué tipo de persona creo que es. Eso sólo me dice que yo no podré inspirar confianza a nadie si dudo de las intenciones de cada persona con la que hablo. Tratando de saber qué pretenden conseguir, me creo prejuicios creyendo que ya lo conozco.

¡Carajo! la verdad es que tengo un gran problema en mis manos: YO. Pero ya encontraré la forma de limpiarme y sacudirme toda esa basura que tengo en la cabeza.

Las ganas que tengo últimamente de estar solo se deben a lo mismo. Prefiero evitar todo lo que venga de afuera. Digamos que en mi casa me siento protegido. Sobre todo en mi cuarto. Siento que ahí está la tranquilidad y la presencia del SEÑOR, de mi MADRE y del ESPÍRITU SANTO. Se que en mi cuarto nada me pasará.

Cuando salgo de casa me siento como un perrito asustado que cree que toda la gente le va a tirar la piedra.

Por eso prefiero no saber nada que venga de afuera. Pero esa soledad también me enferma y me desespera. Me hace sentir mal.

Total, lo chistoso es que a veces me siento como el hombre elefante. No me gusta cómo estoy, nunca he aceptado mi condición física actual y no quiero que la gente me vea, porque no tengo nada que presumir ni razón para sentirme orgulloso por cómo estoy.

Tal vez sí debería sentirme orgulloso de lo que he hecho, pero verme como estoy no me hace feliz. Yo se que mejor así que como estaba, pero no estoy conforme, por eso no dejo de luchar ni acepto nada de esto.

NO LO ACEPTO.

Sin embargo TENGO TANTO QUE AGRADECER, TANTO POR QUE ESTAR FELIZ, TANTO POR QUE SENTIR ALEGRÍA Y MUCHÍSIMA VIDA.

TAMBIÉN TANTO POR QUE PEDIR PERDÓN Y PERDONAR.

¡DIOS, PERDÓNAME POR HABER PERDIDO LA FE CUANDO MAS DEBÍ CONFIAR EN TI!

"¿Por qué cuando todo iba mal nada más había un par de pisadas? ¿Por qué no ibas junto a mi? "Porque yo te llevaba en mis brazos."

Me acordé de esta frase. Siento que me pasó lo mismo. Yo recuerdo que le decía al SEÑOR, bueno le pedía al

SEÑOR la fuerza, no para entender el por qué, sino para aceptar que Él lo sabía y me costó mucho trabajo.

"SEÑOR, no te pido entender, me basta con que Tú entiendas.

Pero dame la FE para aceptarlo."

La verdad, fue difícil para mí.

Siempre me ha gustado estar solo porque me disgusta que me digan lo que tengo que hacer. Tampoco hago las cosas aunque yo sepa lo que tengo que hacer pero eso ya es diferente. No me gusta estar mandando ni que me manden. Prefiero hacer las cosas yo solo y como a mi me gusta.

Octubre 10, 1989

Hoy mi mamá me dijo algo muy cierto: no tengo que preocuparme ni por qué temer. Él me indicará el camino y así sabré como actuar.

Si Dios está con nosotros, ¿quién contra nosotros? No tengo nada que temer.

Otra cosa de la que me di cuenta es que mucho de lo que he escrito no es nuevo para mi, sólo que nunca lo había tomado en serio. Mucho de esto ya lo había pensado y tal vez se lo había dicho a alguien como consejo. Pero he ahí el problema de que casi no me tome en serio, de que no me tomo en cuenta. Así la gente tampoco me tomará muy en serio. Pero eso va a cambiar y se que todo va a salir bien.

**Octubre 11, 1989
12:10 a.m.**

Estuve recordando los momentos en que tuve que hacerme el fuerte y decir que me sentía bien para evitar que se preocuparan por mí y dio resultado porque conseguí engañarme a mi también.

La verdad es que si hubo días en que me sentía de la fregada y sin embargo yo decía que me sentía bien. A veces no creía mis palabras del todo, pero poco a poco me fui acostumbrando a creer en ellas. Las primeras veces me costaba trabajo porque me contradecía, por un lado decía que me sentía bien y por otro decía no te hagas el "buey", a quién quieres engañar. Pero la Fe fue más poderosa y lo superé.

Algo que no se me olvida y que yo considero como mi lección de actitud más grande fue que cuando más fregado y esquelético estaba me ponía mis bermudas.

Recuerdo que un día llegó una de mis tías y se rió de mí por usar shorts con las piernas tan flacas. Me sentí mal por ella, no por mí.(Yo seguí usando las bermudas y los shorts). Sentí que le hacía falta aprender algo y que yo no tenía porqué ocultarme, ni lamentarme por mi estado. El que ella se riera de mí demostró que todo es cuestión de actitud.

Ahora a lo único que le temo es al temor, o sea a mí mismo, porque el temor está en mí y yo soy mi único enemigo... pero como dijo alguien en la Biblia, –Al temor no se le teme, se le enfrenta–. Algún día entenderé mis palabras y sabré por qué las dije. La verdad es que estoy un poco loco y la quiero hacer de emoción. Pero eso sí, estoy contento.

Octubre 17, 1989

Últimamente he platicado mucho con mi Mamá y me hace muy feliz. Lo que necesito es la fuerza de la oración, porque siento que se me puede acabar si esto no termina pronto.

Hoy tuve un sustito cuando me sangró la nariz. Algo que me sorprende es que mi mamá y el doctor están mas optimistas que yo. Eso es muy bueno, pero mejor, si yo estoy más optimista que ellos.

Octubre 19, 1989

Ahora me siento mejor que con el primer piquete.[12]

¡SEÑOR! ¡MAMÁ! ¡Ayúdenme en esto! por favor ilumínenme con la ayuda del ESPÍRITU SANTO. Ahora veo que me hace falta tanto por aprender y por entender. Yo se que no me abandonarán y que USTEDES

---

12 Iniciaron los horribles tratamientos intratecales, quimio directa por la médula al Sistema Nervioso Central cada tercer día.

me dirán cuándo y cómo. Sólo espero darme cuenta y conservar mis fuerzas.

¡Gracias por haberme escuchado!

Octubre 24, 1989
9.00 p.m.

El día de hoy fue uno de los que no quiero ni pienso recordar en toda mi vida. Pero a pesar de lo que pasó, es cuando estuvo más cerca, estoy seguro de que ÉL me habló y de que TODOS estuvieron presentes conmigo. "Gracias por darme la fuerza para aguantar y no sentirme abandonado".

El día de hoy recordé tanto las palabras de Samuel: "Queremos que pasen las cosas según nosotros y no como quiere el Señor."

"HE AQUÍ A UN SIERVO DEL SEÑOR, HÁGASE EN MI SEGUN TU VOLUNTAD."

Me basta con que lo entiendas TÚ. Sólo te pido las agallas para enfrentarlo.

YO SE QUE EL JUEVES TODO VA A SALIR BIEN.

¡Gracias por escucharme!

Octubre 28, 1989

Me pusieron la última inyección en la espalda y pues no sé, fue un día muy especial en todo. Hoy me desahogué completamente. En serio que sin los 4 FANTASTICOS no hubiera hacho nada. La verdad es que no sé qué escribir, todo salió bien. La verdad es que lo sentí menos que la vez pasada, pero de todos modos fue difícil.

Lo cierto es que volvió a suceder lo del martes. Empecé a sudar y a tener los mismos efectos, pero oré un poquito y empecé a llorar y a decir lo que sentía; poco a poco me olvidé de la pierna. Ya pasó todo.

La sensación de dolor en mi pierna junto con el hormigueo no es tan traumante como la sensación de inmovilidad que en realidad hace que me altere y me angustie más y me ponga peor. La verdad es que fueron mis nervios pero creo que nadie tiene nervios de acero. Me puse peor cuando terminaron de ponerme todo. Yo quería salir corriendo de ahí. Lo cierto es que me tranquilicé con el acercamiento de El SEÑOR y de la VIRGEN. Tengo ganas de decirles a todos (y no me canso de repetirlo), que ELLOS son BELLOS Y GRANDIOSOS.

Me costó trabajo quedarme en la cama y no pude dormir. Lo que quería era salir del hospital, porque yo no pertenezco ahí. Es un lugar donde se respira un ambiente pesado de nerviosismo. En la gente se ve la angustia y todo eso es desagradable. El buen recuerdo que tengo es el de las personas que convivieron conmigo. Lo cierto es que a ese hospital yo no regreso nunca como paciente.

Octubre 29, 1989
2.40 a.m.

La verdad es que tengo miedo de lo que viene, más que nada porque si tuviera que pasar por esto otra vez, no sé si pudiera aguantarlo. Ahora que ya pasó todo me da miedo pensar en lo que tuve. Me cuesta trabajo pensar que ya pasó todo. Es demasiado bueno para ser cierto pero esto es una muestra de malagradecimiento. Pero la verdad "ME HICIERON EL MILAGRO".[13]

¡DEBO CONSERVAR LA FE!.

Febrero 1, 1990

Ya tenía tiempo que no escribía y creo que hice mal.[14]

En fin, desde la última vez han pasado tantas cosas por mi cabeza que no las recuerdo claramente. Pero puedo empezar con algo que aún continúa:

Yo era una persona bastante solitaria, bastante despreocupada por lo ajeno y muy interesada en su filosofía. Yo era solitario pero no estaba solo.

Ahora descubro que menos personas son las que me entienden y que me encuentro más solitario. Pero lo

---

13 *En estos momento la enfermedad estaba en remisión. Para nosotros, en especial para Gerardo, el milagro se había logrado. Para el Señor, sin embargo, éste no era el milagro que estaba en Su Mente.*

14 *A principios de febrero, con su recuperación, la vida había vuelto a ser como antes en algunos aspectos, por lo que él se sentía decepcionado y muy solo. Encontró un breve desahogo al volver a escribir.*

extraño de esto es que ya no soy nada introvertido, al contrario, me desenvuelvo en nuevos círculos sociales muy bien, pero en mi antiguo círculo me cuesta más trabajo entender y darme a entender.

Todo esto ha sido muy difícil para mi. Ya ni siquiera me preguntan cómo estoy y no me molesta porque no quiero que ellos me traten como enfermo.

Pero no sólo, no me tratan como tal, sino simplemente ya no me conocen. Es como si no hubiera existido todo ese tiempo que estuve con ellos.

Lo que me cuesta trabajo entender es el por qué de todo esto. Yo en lo particular no me siento culpable de lo que está sucediendo, sin embargo, tal vez mi culpa consiste en alguna actitud mía.

Quizás esperaba otra cosa o que se yo. Me siento defraudado. En realidad no habló por todos. Sólo por los que yo consideraba más amigos, hermanos. Cosa curiosa, de quienes yo quería o esperaba recibir más, ahora no los tengo siquiera y de quien menos esperaba, recibí mas.

Aunque también se dio el caso normal, que sirvió para reafirmar ese cariño de amigo. Y se que por ellos yo me detendría sin pensarlo.

Yo nunca quise que se me tratara como enfermo, y hasta la fecha me molesta que alguien diga que lo estoy, cuando en realidad lo estuve. Pero si le puedo sacar provecho, porqué no. No lo considero malo. Lo he utilizado como una justificación más que nada para evitar compromisos.

Me ha sido más fácil decir no puedo, que intentarlo. Ni siquiera para dar lástima, es más, el único que me ha tenido lástima soy yo. Y se que no debería preocuparme por lo que digan los demás.

Así como hasta ahora, el único que ha podido detenerme, molestarme, lastimarme, he sido yo. Cuesta trabajo aceptar que contra quien más tenemos que luchar en esta vida es contra uno mismo.

Ya basta estoy aburrido de echarme la culpa siempre. Digo todo esto porque he notado que mi recuperación psicológica ha sido más difícil, más larga o más lenta que la física...

Febrero, 1990

Hablamos mucho de contaminación o de polución sólo en el medio exterior y no en el medio interior. Lo peor es la contaminación y polución que nos provocamos nosotros mismos, con nuestros propios miedos; imaginaciones e ideas negativas.

En el fondo de nuestros disgustos, tristezas e infelicidad, está muchas veces algo que ha sucedido de modo diverso a lo que deseábamos. O que no llega nunca lo que esperamos desde hace mucho tiempo. Pero "¡Quién sabe si no es mejor que haya sucedido así!"

Mantén en tu mente intensa y claramente una imagen deprimida y fracasada de ti mismo y con seguridad lograrás que el éxito sea imposible.

Si quieres ser alguien, se tú mismo. Lo que piensas de ti mismo, es más que un simple pensamiento. Es una imagen motora, que va guiando y marcando tu comportamiento en la vida. Es el director de orquesta que llevamos dentro.

"Siembra pensamientos y cosecharás actos."
"Siembras actos y cosecharás hábitos."
"Siembra hábitos y cosecharás un carácter."

Qué distintas son las cosas de como nos gustaría que fueran. Y sin embargo, a veces son como hemos "consentido que fuesen."

La vida tiene sentido hoy, no mañana. Tiene sentido lo que pienso, siento y hago ahora, no mañana.

* Gerardo dejó de escribir en febrero y con ello nos perdimos el resto de sus reflexiones. Nos perdimos el hilo de la extraordinaria madurez psicológica y espiritual que fue confirmando a través de los muchos días de confrontación consigo mismo y con sus circunstancias. Madurez que continuó en espiral ascendente durante el resto de su estancia aquí.

Nos perdimos sus muchas anécdotas; algunas filosóficas, otras humorísticas. Facetas ambas de su personalidad que conservó siempre.

Nos perdimos también del testimonio escrito de su constante lucha, de su fe y de su profundo misticismo. Misticismo ingenuo y puro como de niño, pero como de esos niños a los que Jesús nos exhorta a parecernos porque "de ellos es el reino de los cielos."

No quedó nada escrito de sus últimos meses de vida, pero todos los que lo acompañamos durante ese tiempo, fuimos testigos de su fuerza interior, de su inquebrantable fe y del valor y la dulzura con los que aceptó el final.

Y cuando hablo del final me refiero solamente al fin de su presencia física. Porque este paso, mal llamado muerte, nos hace creer en un final y nos hace parecer como separados, pero yo se, todos sabemos, que quizá bajo otra forma y en otra dimensión, Gerardo continúa su camino apoyado por el cariño de todos los que lo queremos y escoltado siempre por los CUATRO FANTÁSTICOS que en todos sus momentos difíciles le acompañaron.

Susana Vázquez-Mellado

La tenacidad y fortaleza de Gerardo, me movieron a comprar una tarjeta con el siguiente pensamiento, precisamente el domingo anterior a su DESPEDIDA, mientras él recibía varias unidades de sangre y plaquetas.

Quién me iba a decir que se la pondría, como algo muy adecuado, dos días después en su féretro.

Con ella, se llevó este mensaje y los pensamientos de quienes ahí expresaron tantos bellos sentimientos que Gerardo supo inspirarles.

Gracias a todos por ayudarle de esa manera a seguir su camino.

¡Gracias Gerardo, por todo lo que nos dejas!

NUNCA TE OLVIDARÉ

Ahora tú nutres mi corazón, vuelves a ser parte de mí.

*"Se sabía que ibas a triunfar. ¡Felicidades!
Esto no es algo inesperado porque tu capacidad para
alcanzar las metas trazadas,
es ampliamente conocida.
Eres ejemplo de constancia y tenacidad.
Tienes los atributos que te ayudarán
a consolidar un futuro exitoso.
Sigue con esa determinación
porque aún tienes un largo camino
que recorrer,
¡esto es sólo el inicio!
El esfuerzo siempre tendrá su recompensa y el
reconocimiento
y admiración de los demás,
porque no cualquier persona
tiene la perseverancia
para culminar lo planeado."*

TESTIMONIOS DE CARIÑO Y ADMIRACIÓN

Les comparto algunos de la familia, de sus médicos y de sus amigos, compañeros y maestros, porque pueden servir de apoyo a todos los "Gerardos" y a cualquiera persona que no por casualidad los lea además de recordarnos expresar nuestros sentimientos "hoy", en el momento que surjan, sobre todo cuando pueden alentar o motivar a alguien... si los guardamos para "mañana, puede ser demasiado tarde.

De compañeros, amigos y maestros:

Gerardo:

¡Amigo mío!

Tú, el eterno luchador de la vida, el incansable idealista de la misma.

¿Qué no te admiré?

¿Qué no me enseñaste?

¿Qué no me diste?

Si te entregabas a la gente como a la vida misma.

Si tu más íntimo deseo, era ver a tu gente sin cuestionamientos filosóficos que nos llevaran a algún lugar y decisión, sin preguntas vanas y necias que destruyeran sus vidas, y en cambio, verlas satisfechas con su esfuerzo realizado, viviendo sus vidas íntegramente y entregados a la misma.

Pues para ti, la vida era un reto en tu destino, ¡ Y la viviste con dignidad!

No te extraño en lo más mínimo, simplemente, porque te llevo en mí.

Dr. Rubén A. Ibarra Ayala †

UNA NUEVA VIDA

"¿PORQUE BUSCAN ENTRE LOS MUERTOS AL QUE ESTÁ VIVO?" (Lc 24,6)

Y Gerardo está vivo, no hay más que preguntar y qué buscar. La diferencia sea en que "la santidad es algo misterioso; cuanto mayor es, menos se ve" *(Anthony de Mello, "La Iluminación")*.

"En la tumba de uno de los antiguos faraones de Egipto, fue hallado un puñado de granos de trigo. Alguien tomó algunos granos, los plantó y los regó. Y, para general asombro, los granos tomaron vida y retoñaron al cabo de cinco mil años".

Así, Gerardo ha sido tomado por Dios y en un futuro será regado y plantado nuevamente.

Para asombro de todos retoñará, esto es: RESURECCIÓN.

Nos vemos pronto.
Tu amigo

Samuel O.S.B.

Es cuando uno decide establecer la batalla contra el dolor, cuando emerge de nuestras profundidades, todo aquello que nos determina como seres únicos. El trayecto del hombre, aún rodeado por quienes ama, es un trayecto solitario; aquellos que crecen y ascienden a esferas superiores, son quienes, en el trayecto, supieron separar su ser solitario para llegar a un conocimiento y percepción más claros de si mismos.

Gerardo estableció su batalla, y su victoria fue, lograr explorarse de forma que sus conocimientos pudieran ser compartidos.

Elizabeth

Estimado Gerardo:

En la mente de los maestros y en particular en la mía, perdura el recuerdo de un joven grande.

Grande por su nobleza, lealtad, sinceridad y entrega.

A ti, te ajustaron cualidades que tuvieron su proyección en las siguientes manifestaciones:

En el grito inmenso de una fuerza que nos hace crecer, progresar y madurar.

En el deseo de dar sentido a la propia existencia, haciéndola plenamente fecunda.

En la atracción imparable del amor que nos lleva a compartir nuestra inmensa riqueza interior.

En la experiencia del dolor, del sufrimiento que acrisola nuestra voluntad para la lucha.

En la apertura sincera al otro, como Dios asequible, cercano, que nos da fuerzas para vivir y amar.

En la experiencia de nuestras limitaciones humanas que nos hacen tomar conciencia de nuestra necesidad de los otros.

Gerardo, te recordamos con inmenso cariño.

Profr. Humberto Romano

Gerardo:

Puedo hablar de tantas cosas que me hacen recordar tan gratos momentos que el mismo camino nos hizo transitar.

Viejas añoranzas vienen a mi mente con la misma nostalgia y ternura que tienen tus ojos.

El tiempo no es nada, nunca lo fue, mi corazón no cuenta las horas de amor que inspiraste en mi ser.

Conocer del valor y la fuerza que aprendí a tu lado, estás tan cerca de mi, que no siento tristeza, ni ronda la ausencia, tu presencia sigue viva en mí.

Tan sólo un instante me separa de ti, pido a Dios que nos vuelva a reunir, que juntos recordemos y volvamos a reír de aquella nuestra infancia que felices pudimos compartir.

Te quiere

Claudia

A ti, que fuiste esa persona que todo lo hacía con todas las ganas; que luchaba por superarse y no fallar; que siempre supo ser amigo, hermano y maestro.

Y sabes que nunca te olvidaré porque simplemente fuiste: "De lo mejor que me ha pasado."

Julio Midence Staton

UNA NUEVA VIDA

No quiero que pase a la posteridad porque el futuro se vuelve incierto al paso del tiempo, pero tampoco deseo que se pierda en el olvido.

Me es imposible no recordar algo tan sublime.

Sólo espero la hora en la que llegue a comprenderlo.

Manuel
(Mare)

Para mí, Gerardo es alguien que sabía algo que nosotros no. Como si guardara un secreto.

Creo que descubrió a Dios y lo quiso compartir con nosotros.

Él disfruta todavía de la Vida, porque es él, quien ahora guía las nuestras.

Adolfo

Gerardo:

La forma se pierde, el fondo trasciende.
Gerardo, silueta de hombre;
concepto de lucha.
Señor Dios..... contigo,
un gran hombre.

Pili y Quique

El viento puede esparcir los granos de arena, pero lo que ni el tiempo, ni el viento podrán jamás borrar, son todas las vivencias y recuerdos compartidos contigo.

Te extrañaremos.

Patricia Martínez Souverville
(Chube)

A ti amigo, que me enseñó a querer con toda mi fuerza;

A ti maestro que nos enseñaste en tu lucha como amar la vida;

A ti hermano que siempre caminaste a mi lado; te tendré siempre dentro de mí, dentro de mí permanecerás hasta que el Señor me llame a su lado y pueda estar junto a ti.

A ti siempre maestro, te veré. T.Q.

Luis Morones Cortés

1/junio/91

Gerardo:

Yo comprendo que habiendo cumplido tu misión en esta vida, te fuiste hacia la felicidad eterna.

Lo que no comprendo, es que sabiendo lo anterior, yo te extrañe tanto.

Raúl

Gerardo:

El Señor nos hizo para sí, nos despoja poco a poco de todo, para después hacernos sumamente ricos, con su riqueza, gozando de una vida más feliz y de mayor éxito

Siempre estarás en mi corazón.
Gabriela Guerrero Vivanco

De sus médicos:

"A LA MEMORIA DE GERARDO"

"En las dimensiones del hombre como ser trascendente, la ausencia misma de la persona física se transforma en presencia insustituible de un recuerdo escoltado de afectos."

Estás aún entre nosotros y estás perpetuamente a nuestro lado con todo tu amor y el de nuestros corazones.

Vivirás en las emociones que nos comunicaste, en el recuerdo de tu valor y generosidad, en tu forma franca, en tu fe tan valedera en cualquier momento de nuestra vida.

Te esperamos todos los días porque nuestro recuerdo hará perpetua tu vida.

Dr. Ramiro Bonifaz G.

Es triste ver partir a un amigo.

Pero es más triste ver partir a alguien lleno de vitalidad y entereza por la vida.

Te quisimos y te extrañamos, Gerardo.

Dr. René Bourlon

Gerardo:

Tu entereza y valor son un ejemplo que me han creado un gran compromiso de entrega.

Te recordaré siempre.

Dr. Salvador Pimentel

En términos generales, ¿Qué puede un médico comentar respecto a sus pacientes? Nada. Pero respecto al enorme tesoro que en enseñanzas de muy diversa índole cada uno de los pacientes otorgan a ese médico a lo largo de toda su vida profesional y particular... creo que nunca terminaría uno de hacer reflexiones, comentarios, o de recordar anécdotas o...

Definitivamente siempre extrañaremos a cada uno de nuestros pacientes.

Dentro de mi especialidad, afortunadamente y a la vez desafortunadamente, mis recuerdos en un muy alto porcentaje se relacionan con seres a quienes al cabo de mucho tiempo de relación profesional y humana, me ha tocado decir "adiós" sin la esperanza de volvernos a ver físicamente, jamás. Pero esto no quiere decir que exista el olvido, ni que la despedida no me haya dolido.

En especial, respecto a Gerardo, un chico a quien la vida ofrecía un promisorio futuro, con grandes ilusiones y planes, en fin, con todo lo maravilloso que la juventud ofrece a un ser bueno e inteligente.

De Gerardo podría yo decir muchas cosas y contar buenas anécdotas, todas ellas agradables. pero su bondad es bien conocida por todos nosotros.

Realmente la mayor enseñanza que he recibido de él ha sido la forma tan digna y, permítaseme decirlo, tan maravillosa, en que enfrentó su enfermedad, ignoro si totalmente inconsciente o no de la gravedad de la misma. Pero más aún, lo que nunca olvidaré será la amistad y estimación que siempre recibí siendo yo una parte totalmente secundaria dentro de la atención médica que recibió, siendo redundante pero necesario reconocer que fue inmerecida, motivo por el cual, sin duda le debo mayor gratitud aún.

Pero la mayor enseñanza que un chico de su edad dio, fue la forma en que enfrentó, con toda dignidad que un ser humano posee, el final de su vida. Hecho que lo separó físicamente de todos los que lo queremos, pero que le permitió así mismo, su permanencia eterna en el corazón de todos sus seres queridos; dentro de los cuales le suplico a Gerardo me permita considerarme en lo muy poco que me sea dado.

Muchas gracias por todo, Gerardo.

Dr. Juan Martínez

Gerardo:

Tu inocencia y amor a la vida fueron para mí, fuente de estímulo hacia una sobrestimación del valor de obtener y alcanzar en los más grandes anhelos morales; que en todo momento serán los más valiosos.

En nuestro recuerdo permanecerás por siempre inmortal, como una imagen de superación constante.

Dra. Aída Delia Ortega Ortega

De la familia

No es que no me importara escribir algo sobre mi hermano, pero a pesar del tiempo no me es nada fácil.

Gerardo:

Quiero decirte todo aquello que sentía y siento por ti, todo lo que con palabras no tuve tiempo de expresar, aunque en cada mirada estuviera gritándotelo.

Fuiste mi gran prueba de amor a la vida, contigo nace mi búsqueda por entender su sentido, el hecho de tu partida significó comprender que a pesar de lo difícil y duro que a veces parezca el camino, todo tiene una causa, una razón.

Ahora comprendo la importancia de tu misión, enseñarnos lo importante que es la humildad, la sencillez del corazón, la aceptación, el abandono en el Señor, el desprendimiento de todo lo mundano y muchas cosas más, una lección de vida.

Hermano te amo por darnos tanto, por haber sabido darle sentido a tu vida, por enseñarnos a ser valientes hasta el último momento, por trascender a través del dolor a todos y cada uno de nosotros, por crear en mi corazón el orgullo de sentirme viva, por ser mi ejemplo.

Serás un espíritu vivo que me acompañe a través de mis vidas, la fuerza que me levante una y otra vez, el consuelo que me reconforte en mis noches tristes, la respuesta a mis porqués.

Aprendí que la vida se debe vivir con valor, aprovechando cada instante y a nunca guardar mis sentimientos para el mejor momento, pues ese, es hoy.

Tu hermana que te ama

Claudia

"Han pasado tantos años… doce y quizás aún más desde aquella ocasión en que hablamos por última vez. Ni siquiera recuerdo cuál fue el motivo, vacaciones, Navidad, quién sabe.

Pero recuerdo que entonces vivías plenamente, del mismo modo en que sigues viviendo en mis recuerdos, en mis pensamientos, en los muchos espejismos que he encontrado en mis viajes sin sentido.

En jornadas en las que cual faro, me has guiado através de tempestades y rescatado de incontables zozobras, te has manifestado en miles de formas, un rayo de luz en la obscuridad, una sonrisa solidaria en la cara de un extraño.

Son muchos años en que el silencio ha llenado tu espacio. A mí me es igual·..tengo una memoria tan larga que cada nota, el timbre de tu voz, cada palabra que me hablaste aún vive y se encuentra grabada en el libro de mis memorias.

En ese libro que escribo día con día y que pesa cargado de tantas y tantas oportunidades desperdiciadas.

¿Sabes? Nunca dijimos adiós, pero así lo prefiero pues en realidad con cada día que pasa, más se acerca el tiempo de nuestro reencuentro.

¿No me reconocerás acaso? No te culparé si ése es el caso. Después de todo hay tantos días en que ni yo mismo sé quién soy.

Me considerarás un extraño, al menos al principio; pero confío que la sangre viva que nos llama y que las muchas experiencias que compartimos sean el cemento de nuestra reunión.

Aunque como he dicho, tantas veces has cruzado mi camino que quizás eres tú quien conoce plenamente mis triunfos, fracasos y frustraciones, cada uno de los anhelos que me llenan de esperanza y de la espera que agoniza en mi piel cada día que el tiempo pasa.

Añoro con inquietud implacable esas tardes de juego, de risa y llanto que compartimos en la edad inocente, cuando la vida a distancia nos miraba con una sonrisa franca.

Hoy solo escucho el susurro de esa existencia lejana que se cuela entre las grietas de un pasado casi olvidado. Y sin embargo lo mantienes vivo y presente, recordándome hoy y siempre de tanto nunca dicho, que te quiero y extraño.

Tenemos tantas cosas de que hablar, tantas, que solo la eternidad bastará para compartirlas.

Hasta entonces, hermano del alma."

Carlos Gorbea, Ph.D.

Ger:

Hace un año que nos dejaste con un dolor y el corazón roto. Cuando falleciste no lo creía, no lo podía creer. Hasta entonces me explicaron bien las cosas y me di cuenta de que era un egoísta que te quería aquí conmigo. Me di cuenta que aquí seguirías sufriendo y que allá arriba estás tranquilo sin sufrir nada.

Te extraño muchísimo y ya no será lo mismo sin ti, nunca. Aunque con el tiempo nos vamos equilibrando del desbalance que dejaste, no quiere decir que te estamos olvidando, porque nunca te vamos a olvidar.

Espero encontrarme algún día contigo. Procuraré ser mejor cada día por ti. Te quiero mucho y siempre te he querido.

No entiendo el por qué de las cosas. No sé por qué no pude decirte todo lo que sentía por ti y te fuiste sin regresar. Lo que más me duele es acordarme de ti enfermo, pero ya lo estoy superando.

Tengo en mi la fe que me dejaste. Tú me enseñaste la mayoría de las cosas y voy a ser como alguien muy grande: TU.

Te amo con todo el CORAZÓN.
¡Cuídame!

UNA NUEVA VIDA

Si te dijera Ger que no te he extrañado,
Que no me importó que te fueras,
Que no he sentido rabia, que no he sentido pena,
Que no llore frente a tu tumba.
Y que tu muerte fue tan sólo una manera para apreciar mi vida con el doble de fuerzas,
Si te dijera que no he estado perdido y que no he sufrido,
Es más, si dijera por poner un ejemplo,
Que de cierta forma me alegra que te hayas muerto.
Si te dijera mi hermano que eres algo estúpido por morir en una noche tan bella .
Si te dijera que mi vida es igual de alegre,
Que seguimos haciendo fiesta,
Que la pena no nos detiene ,
Si te gritara que nunca te quise,
Que te decía hermano por el simple hecho de decirlo,
Que no significabas nada para mi,
Que me dabas pena,
Que estaba decepcionado de ti, que me dabas asco,
Que nunca me caí al saber de tu muerte,
Que no derrame ninguna lágrima ,
Que no he sufrido desde tu partida
Y que todo ha sido fácil para mí.
Si gritara que eres un desconsiderado
Por hacernos llorar desde que te fuiste.
Dime hermano si te dijera en serio todo esto que digo
¿dejarías tu tumba?
Porque si es así,…
Seguro que lo digo…

Te ama y te extraña!!!!!
tu hermano
Israel.

GERARDO:

Palabra incomprensible en ocasiones, y tan especial y grande en las más.
Es un ser que a su venida no sé alcanza a imaginar todo lo bueno que dará.
Al paso del tiempo se introduce en tus entrañas y se convierte en parte de ti, y cuando lo pierdes…

Tantas cosas han pasado desde tu partida, las cuales sigo sin entender, pensaba que con el tiempo se disiparían pero craso error en el que me encuentro.

La gente suele decir "Acéptalo " ¿Aceptación a qué? Es fácil decirlo, sugerirlo como un recuerdo que está, pero qué difícil hacerlo sobre todo cuando uno vivió, respiró, lloró, amó y tantos sentimientos que la vida fundió en un solo ser.

En ocasiones, hermanos míos, las palabras sobran.

Vale más el silencio mismo el cual consuela y sana las heridas más profundas.

Y cómo no extrañarte, si desde el recuerdo más lejano que tengo de tí, mi madre procuró unirnos.

Nos dijo, "Viene en camino un nuevo hermanito" y dentro de la inocencia de niño ¡Qué padre, un nuevo juguetito! Con el tiempo dejó de serlo para convertirse no sólo en hermano sino en maestro, compañero y sobre todo en un gran amigo. MI MEJOR AMIGO.

Él, que siempre estaba dispuesto a todo, hasta dar la vida misma. Él está con nosotros y sigue siendo el mismo: bueno, romántico, comprensivo, amoroso y gran maestro.

Él, a través de su gran enseñanza, nos muestra el difícil arte de vivir; más no de vivir por vivir, sino en una entrega diaria, luchando por alcanzar la luz de la existencia.

No puedo continuar cuestionándome, debo aceptarlo, más no resignarme a sentir ese gran vacío dentro de mi, el cual jamás podrá ser llenado. Como cuando quedas mutilado, por más que te digan y te vuelvan a decir que eres normal, que eres igual, para ti es sólo una; sí, sólo una es la realidad: no estás completo.

De algo puedes estar seguro hermano mío, te amo y siempre te amaré y quien sabe, si el Señor así lo dispone, algún día volveremos a estar mano con mano y nunca más volver a separarnos.

Gracias amigo mío, por nunca dejarme, por ser uno de los tantos motivos de mi existir, siendo tú el más importante, tú siempre lucha y entrega, esmerándote cada día en ser mejor.

Se que sólo así, sí, sólo así, podré algún día...

Siempre en mi recuerdo y junto a mí, tu amigo y hermano del alma

Tu hermano

Gustavo

Ger:

Yo quisiera decirte tantas cosas que siento y pienso, pero la verdad es que no sé cómo hacerlo.

Esa es una de las cosas que quisiera cambiar y no he podido. Sería maravilloso poder expresarle a la gente nuestros sentimientos y no esperar a que no estén físicamente para hacerlo o, arrepentirnos de no haberlo hecho.

Hay muchas cosas que me pregunto y a pesar de todo no he podido contestar. Sin embargo, se que no debo preocuparme, porque el Señor algún día me dará las respuestas.

Lo que si te puedo decir sin que me cueste trabajo es GRACIAS.

Gracias por apoyarme siempre.
Gracias por ser mi consejero.
Gracias por estar conmigo a pesar de todo y de todos.
Gracias por enseñarme tantas cosas tan valiosas como disfrutar de un día nublado.
Gracias por ser mi motivación para salir adelante.
Gracias por llenar el vacío que dejó en mí, tu partida.
Gracias, porque la única persona que lo puede hacer eres tú.
Gracias por estar en estos momentos conmigo, por darme un empujoncito en los momentos difíciles en los que siento que ya no puedo más.
Simplemente GRACIAS POR SERTU Y SER TAN MARAVILLOSO Y TAN ESPECIAL.

Siempre estarás en mi corazón y en mi mente.

Te adora

Tu hermana
Gabriela

Ger:

Yo siempre te he querido mucho y nunca te he olvidado y nunca te voy a olvidar.

Te mando muchos saludos y deseo que estés bien.

Tu pequeño hermano y enfermero
David
(de 7 años entonces)

Gerardito:

Hace un año que nos dejaste con el corazón hecho pedazos por la pena de haberte perdido, sin ponernos a pensar en el sufrimiento y dolor de tu enfermedad, porque la sobrellevaste con toda resignación y entereza. Nunca te faltó la esperanza y la fe en tu alivio.

Pero Dios quiso llevarte y seguramente estás mejor con Él que con nosotros.

Ahí donde tú estás, no te olvides de tus padres, tus hermanos, y todos los que te quisimos.

Pídele a Dios Nuestro Señor su bendición para todos nosotros.

Te queremos mucho Gerardito.

Tu abuelita

Mamá Esperanza

5 de junio de 1991

Nunca habíamos visto a alguien con tanto optimismo y ganas de salir adelante.

Ojalá tu recuerdo nos sirva de ejemplo y nos ayude para poder superar los malos momentos y afrontarlos con la fe y entereza que tú lo hiciste.

Fam. Arnaiz González

UNA NUEVA VIDA

Ger:

Dios te ama con un amor tan grande, que nosotros somos incapaces de llegarlo a comprender, por eso quiso apartarte de nosotros y del sufrimiento para que pudieras disfrutar con él de una mayor felicidad en el cielo.

Siempre te amaremos y estarás con nosotros.
Fam. Loria González

Cuando nuestra fe flaquea, tu recuerdo nos estimula a fortalecerla.

Gracias Gerardo por el ejemplo de superación que nos dejaste.
Fam. González Juárez

Gerardo:

Gracias por el ejemplo que nos dejaste, de perseverancia, fe, optimismo, aceptación, lucha y muchas cosas más, que junto con el cariño que te tenemos hace que te amemos y recordemos con mucha alegría por siempre.
Fam. Rosas González

Gerardo:

Ahora que tienes un año lejos físicamente de nosotros, es cuando más cerca estás. Eso te ha permitido conocernos a todos y cada uno de los que formamos tu familia, con nuestros defectos y virtudes, con nuestras tristezas y alegrías, con nuestros alcances y limitaciones.

Ahora que tienes un año más cerca de Él a través tuyo; susúrrale que nos oriente para ser mejores cada día y más dignos de Él.

Tu primo

Gerardo

Gerardo:

Cómo nos hubiera gustado aprender de tu maravillosa madurez juvenil, absorber como esponja la vida y sabiduría que de ti emanaba, captar y experimentar en nosotros la espiritualidad y fe en Dios que albergabas. Pero sobre todo tener la fuerza, energía y anhelo para cumplir como tú la misión que el Señor te encomendó, siendo ejemplo en la lucha por la unidad familiar y fiel testimonio del amor de Dios.

Te pedimos que desde donde estás en compañía del Todopoderoso, nos guíes e ilumines para acercarnos a El y poder llevar a la práctica las enseñanzas que tu ser "dador de vida", nos dejó.

Fam. González Sánchez

Gerardo:

Gracias, no por lo que fuiste sino por lo que sigues siendo aunque no estés con nosotros.

Gracias no sólo por lo que hiciste de ti mismo, sino por lo que hiciste de cada uno de los que estuvimos a tu lado.

Gracias por enseñarnos a lograr que una parte de nuestro ser saliera a la superficie.

Gracias por poner tu mano en nuestro corazón, sin detenerte en las cosas necias y débiles que no pudiste corregir, y por sacar a la luz lo hermoso que nadie más había descubierto por no mirar a la profundidad necesaria.

Gracias por ayudarnos a transformar los tablones de nuestras vidas, no en lo que parecía ser una taberna, sino en un templo; y a enseñarnos a convertir las horas de nuestra diaria existencia, no en un reproche, sino en una canción.

En fin , gracias por haber hecho más de lo que cualquier Fe hubiera podido hacer para hacernos pensar que cualquier destino, cualquiera que Dios nos mande, puede hacernos feliz.

Fam. González Escalante

Nuestro querido Ger no se doblegó ante su dolor, pero sólo Dios sabe, cuántas horas de angustia salvó con su silencioso valor.

Fam. González Hernández

Marzo de 1991

Gerardo:

Hace casi diez meses que cumpliste con uno de los actos naturales en la vida de todo ser humano morir.

Fugaz fue tu paso por este mundo. Apenas 18 años viviste tu vida, que te presentaba todas las oportunidades y éxitos que tu actitud de triunfador reclamaba siendo buen hijo, buen hermano, mejor amigo y buen estudiante.

En tan pocos años lograste lo que muchos no logramos viviendo cien años. Lograste una cadena de oración de distintas religiones en pro de tu salud; única, grande, vigorosa; en iglesias, en casas, en colegios, en salones de belleza, en clubes, en... en... pero ni esa cadena de oración pudo cambiar tu destino, pues Dios te quería cerca de Él.

El cariño de los que te conocimos quedó grabado en nuestro corazón en medio de nuestro dolor, el día de tu velorio al ver la fila interminable de tus condiscípulos y amigos para testimoniarte su amistad escribiendo un pensamiento en el anuario de tu escuela. Dolidos unos, serios otros, quizá algunos jocosos recordando alguna anécdota que vivieron y gozaron juntos. Y tú, en donde estás, repasando lo escrito en el anuario, te estarás sonriendo al recordarlas también.

Tu triunfo, la fiesta de fin de curso de tu escuela preparatoria, parecía una fiesta preparada por los mejores cineastas de Hollywood. A pesar de que la entrega de diplomas se realizaba en orden alfabético, tus apellidos y nombre se pronunciaron al final, como corresponde a la estrella y se desgranó el aplauso unánime, fuerte, noble y cariñoso ganado a pulso por ti. Y ese aplauso que duró mucho tiempo, –parecieron horas– salió del salón de actos y llegó hasta el cielo, y lo escuchaste sonriente y tranquilo, porque sabías que lo merecías, por haberlo ganado dando siempre lo mejor de ti .

Tu ausencia física nos llena de dolor y tristeza, pero nunca dejarás de estar presente en el corazón de todos lo que te conocimos, aún cuando el tiempo que todo lo cura, lo va diluyendo en un recuerdo dulce… de paz… de amor…

Uges y Horacio
(tus padrinos)

"Thank you for letting Gerardo come and stay with us and letting us love him as much as you.

Words can never tell you the joy an happiness he bought to us all."

"I loved him as much as my own children"

"God Bless You"

Mary A. Rice and Family
(Gerardo´s American mother)

CANCIONES, PENSAMIENTOS Y SENTIMIENTOS

"*Muletas para el camino*"

(LA BELLEZA DE LA MUERTE. LÁGRIMA Y SONRISA)

Dejadme dormir, que mi alma se embriagó con el Amor.

Dejadme descansar, que mi alma se ha colmado de los días y las noches.

Dejadme al fin descansar en los brazos del sueño, que mis ojos se han fatigado de este despertar.

Entonad cantos melodiosos y de sus mágicos sentidos aderezad un lecho para mis sentimientos, y después, mirad el fulgor de la esperanza en mis ojos.

Ya alcancé la cúspide de la montaña y mi alma vuela libre en el espacio... Ya no oigo más que la música de la Eternidad en perfecta armonía con los anhelos del espíritu.

No os ahoguéis con ayes y suspiros, mejor grabad en mi rostro, con vuestros dedos, el símbolo del amor y de la alegría... dejad que vuestro corazón cante conmigo los salmos de la Vida Eterna.

Cubridme con tierra blanda, y echad con cada puñado, semillas de azucenas, de jazmín, de rosas, para que al brotar sobre mi tumba, absorban los elementos de mi cuerpo y crezcan esparciendo en el aire el perfume de mi corazón, y se eleven, revelando aún al mismo sol, los secretos de mi paz, y se mescan con la brisa para aliviar al romero de las fatigas del camino.

No vistáis de negro en señal de luto, mejor vestid de blanco y alegraos conmigo.

No habléis de mi pesadumbre, sino cerrad vuestros ojos y me veréis con vosotros hoy, mañana y siempre.

Gibrán Jalil Gibrán

UNA NUEVA VIDA

De la Homilía dicha en la Misa de cuerpo presente por nuestro querido Padre Plácido

El justo, aunque muera prematuramente, hallará descanso; la ancianidad venerable no es la de muchos días ni se mide por el número de años; la verdadera canicie para el hombre es la prudencia, y la edad provecta, una vida inmaculada.

Halló gracia ante Dios y Dios lo amó, y como vivía entre pecadores, lo trasladó.

Se lo llevó para que la maldad no pervirtiera su inteligencia o el engaño sedujera su alma; pues la fascinación del mal empeña el bien, y los vaivenes de la concupiscencia corrompen la mente ingenua.

Alcanzando en breve la perfección llenó largos años. Su alma era del arado del Señor, por eso se apresuró a sacarlo de entre la maldad.

Lo ven las gentes y no lo comprenden; no caen en la cuenta de que los elegidos del Señor encuentran gracia y misericordia y que El visita a sus santos.

Lectura del libro de la Sabiduría: (4,7-15)

SONETO

Poema dedicado a Gerardo por sus compañeros en su Misa de Graduación

Dios de los cielos, Señor Poderoso
que das luz a los astros y a los seres,
hoy te da gracias, con fervor gozoso,
este grupo de nuevos bachilleres.

Conjugamos estudio, ciencia y gozo
en mucha tardes de tantos ayeres
e invocamos tu auxilio generoso
cuando hubo que cumplir con los deberes.

Este grupo, Señor,
ya no está entero.
Gerardo fue llamado a tu presencia
a sustentar examen verdadero.
Imploramos, para él,
tu gran clemencia
y confiamos también en alcanzarla
para que un día vayamos a gozarla.

30 de junio de 1990
Generación 84-90
Preparatoria Colegio Moderno Tepeyac

CON SU AMOR

Fue un camino difícil el que tú tuviste que recorrer.

Fue tal vez larga la espera más ahora tú ya estás con Él.

Fue un camino de esperanzas por el cual yo te miré caminar,

Una sonrisa de aliento pero nunca sin dejar de luchar.

Con su amor, todo lo malo puede cambiar, toda la vida caminar con paso seguro, sin temor a lo que pueda pasar.

Porque con ilusión te dio una vida mejor, te dio senderos inundados de paz, te dio la luz para el camino alumbrar, para volar sin mirar hacia atrás.

Hoy queda sólo el ejemplo que nos diste de tu fuerza al partir, que la fe y el amor nos ayuden a nunca olvidarnos de tí.

Letra y Música
Carlos Altamirano Lemus
Coro Natanael

ME GUSTARÍA LEVANTARME EN VUELO
Michel Quoist

Me gustaría levantarme en vuelo, por encima de mi ciudad, por encima del mundo, por encima del tiempo, purificar mi vista y pedirte prestados tus ojos.

Desde arriba vería el universo, la humanidad, la historia, como los ve tu Padre, vería en la prodigiosa transformación de la materia, en el continuo burbujear de la vida, tu gran Cuerpo que nace bajo el soplo del Espíritu.

Vería el maravilloso, eterno sueño de amar de tu Padre:

todo centrándose y resumiéndose en Tí, Oh Cristo, todo el cielo y la tierra.

Vería cómo todo en Tí se centra, aún en sus mínimos detalles, cada hombre en su sitio, cada grupo, cada cosa.

Vería aquella fábrica, este cine, la clase de matemáticas, y la colocación de la fuente municipal, los cartelitos con los precios de la carne, la pandilla de muchachos que van al cine, el chiquitín que nace y el anciano que muere.

Divisaría la más chiquita partícula de materia y la más diminuta palpitación de vida, el amor y el odio, el pecado y la gracia.

Y entendería cómo ante mí se va desarrollando la gran aventura del Amor iniciada en la aurora del mundo, la Historia Santa que, según la promesa, concluirá solamente en la Gloria cuando, tras la resurrección de la carne, Tú te alzarás ante el Padre y le dirás:

Todo está concluido.

Yo soy el Alfa y la Omega, el principio y el fin.

Sí, yo comprendería que todo está bien hecho y va a su sitio, que no es más que una gran marcha de los hombres y de todo el universo hacia la Trinidad, en Ti y por Ti, Señor.

Comprendería que nada es profano, nada, ni las cosas, ni las gentes, ni los sucesos, sino que todo tiene un sentido sagrado en su origen divino y que todo debe ser consagrado por el hombre hecho Dios.

Comprendería que mi vida, pequeñísima respiración del gran Cuerpo total, es un tesoro insustituible en los planes del Padre.

Y al comprenderlo caería de hinojos, admiraría, Señor el misterio del mundo que, a pesar de los innumerables y horrorosos manchones del pecado, es una larga palpitación de amor hacia el Amor eterno.

Sí, me gustaría levantarme en vuelo,
sobre mi ciudad,
sobre el mundo,
sobre el tiempo,

purificar mi vista y pedirte prestados tus ojos.

CUANDO UN AMIGO SE VA....

Cuando un amigo se va, queda un espacio vacío, que no lo puede llenar, la llegada de otro amigo.

Cuando un amigo se va, queda un tizón encendido, que no se puede apagar, ni con las aguas de un río.

Cuando un amigo se va, una estrella se ha perdido, la que ilumina el lugar, donde hay un niño dormido.

Cuando un amigo se va, galopando su destino, empieza el alma a temblar porque se llena de frío.

Cuando un amigo se va, queda un terreno baldío, que quiere el tiempo llenar con las piedras del hastío.

Cuando un amigo se va, se queda un árbol caído, que ya no vuelve a brotar, porque el tiempo lo ha vencido.

Cuando un amigo se va, queda un espacio vacío, que no puede llenar, la llegada de otro amigo.

19/junio/1990

UNA NUEVA VIDA

Hoy es día para celebrar, se muy bien,
que mi cuerpo ya no existe más.
Ni una lágrima debes derramar, pues en mí,
sólo existe felicidad;
yo estaré contigo, el recuerdo quedará,
por mi parte, nunca te voy a olvidar.

Una nueva vida, al lado de un amigo.
Una nueva vida, eterna como el sol,
Una nueva vida, plena luz del corazón,
he nacido hoy en Cristo Redentor.

Una nueva vida, donde no existe el dolor.
Una nueva vida, junto a Dios que es todo amor.
Una nueva vida, recibe hoy mi bendición.
Vive tu vida, es un tesoro, es lo mejor.

Una nueva vida … (se repiten las dos estrofas).

Letra: Alexandra García Martínez
Música: Carlos Altamirano Lemus

Pensamientos recopilados o escritos por Gerardo durante el tiempo de su enfermedad

Somos lo que anhelamos ser.

Pienso y siento sólo el bien y produzco mi pensamiento amoroso.

Pienso y siento salud, vigor y fuerza, y me siento seguro, saludable, fuerte, poderoso, estimulado, activo.

Yo equilibro; modero mi pensamiento basado en el bien.

Elimino todo sentimiento y pensamiento de resentimiento u odio que es contrario al bien. YO SOY MI PROPIA CAUSA, Y NO SOY AFECTADO POR NADA NI NADIE.

Elimino la creencia de enfermedad, que no es parte del bien y sólo el bien es real.

ME AMO A MI MISMO Y A MIS SEMEJANTES

Pienso y siento sólo el bien, produzco mi pensamiento amoroso activamente y recupero mi interés en todo lo que es bueno, sólo el bien es real.

Estoy sano, me siento bien, y soy completamente feliz.

"Conoced la Verdad y ella os hará libres"
JUAN 8, 32.

La verdad, la Ley Suprema es la armonía perfecta: belleza, bondad, justicia, libertad, salud, vida, inteligencia, sabiduría, amor, dicha. Todo lo opuesto es apariencia, es contrario a la Ley Suprema de la armonía perfecta. Es mentira porque es contrario a la verdad.

Todo lo que tú temes lo atraes.

"Todo lo que pidiereis orando, creed que lo recibireis y os vendrá".

*Anticipar y esperar es la FE.

*TRISTEZA

Niego la propia existencia de esa tristeza.

Dios la rechaza. Borro en mí todo lo negativo. Es innecesario. También lo rechazo.

Dios es dicha, gozo, alegría. Yo soy dicha, gozo alegría.

Gracias Padre, que me has oído.

*ESCASEZ

Niego toda apariencia de escasez. La rechazo. Es mentira. La abundancia de todo es la verdad. Mi mundo contiene todo. Ya está todo previsto. Todo dado por un Padre todo amor. Gracias Padre que ya me oíste.

*INARMONÍA

Niego la inarmonía. Rechazo esta apariencia de conflicto. En el espíritu no puede haber choque, ni lucha, ni nada que se oponga al cumplimiento de la armonía perfecta.

Gracias Padre, bendigo la armonía en esta circunstancia.

El sentido común es la forma de expresar la Sabiduría Divina a través del hombre.

*PÉRDIDA

Nada que es mío por derecho de conciencia puede perdérseme o ser robado. Esa es la verdad.

Gracias Padre que me has oído.

No recibirás sino lo que pides. Padre dame a mí y a toda la humanidad, todas la maravillas de Tu reino.

*TEMOR

Yo no tengo miedo. Rechazo el temor.

Dios es amor y en toda la creación no hay nada a que temer. Yo tengo Fe. Siento Fe.

A lo único que se debe de temer es al temor.

"El Amor de Dios nos envuelve a mi y a los míos
no hay nada por qué temer,

El Señor nos muestra el camino y nos lleva de la mano
Nuestra Madre María nos protege con su manto,
El Espíritu Santo nos ilumina.

INTELIGENCIA

Yo soy inteligente, con la inteligencia de Dios mismo, ya que fui creado de la esencia misma del Creador; por la inteligencia, con la inteligencia y de la inteligencia de Dios.

ENFERMEDAD

Niego la apariencia de toda afección física. No la acepto, ni para mí, ni para nadie. La única verdad radica en el espíritu y todo lo inferior se amolda a mi palabra al reconocer yo la verdad. En nombre de Jesucristo que nos lo autorizó, decreto que yo y todos, somos Vida.

La Vida es salud, fuerza y alegría.

Gracias Padre que me has oído.

Gracias por compartir conmigo este libro, no tuve la fortuna de conocer personalmente a Gerardo… ¡tu hijo! Pero la lectura de sus memorias me han conmovido y me permitieron conocer la grandeza de su espíritu….

Gracias por permitirme reflexionar que como humanos somos tan vulnerables, que esta vida es un constante aprendizaje , y el tiempo que nos toca vivir, es tan sólo un episodio y un paso trascendente para una vida más plena.

M.S.V.

Después de mucho tiempo (años), volví a tomar entre mis manos aquel libro que me regalaste y quiero decirte que me ayudó mucho, me iluminó en lo que necesitaba en ese momento.

Con admiración y cariño.

C.L.

www.ingramcontent.com/pod-product-compliance
Lightning Source LLC
La Vergne TN
LVHW091553060526
838200LV00036B/820